体験交流型ツーリズムの手法

地域資源を活かす着地型観光

大社 充

学芸出版社

はじめに

産業の創出に頭を悩ませる地方都市やその周辺市町村では、今新たに観光・集客交流に取り組む地域が増えてきている。財政的に厳しさを増すなか、地域資源をうまく活用することにより多くの資金を要することなく交流人口を増やす試みに期待が寄せられているのである。

90年代後半から「体験メニューづくり」が全国各地で進められたのは記憶に新しい。歴史や文化、自然などの地域資源を活用した体験プログラムをつくり、それらを素材に域外の人をも呼び込んで交流人口を増やそうという試みであった。ところが、旅行会社と提携して修学旅行生の受け入れを可能としたわずかな地域以外は、メニューはつくったものの地元小中学生の体験学習に利用される程度で域外から人を招き入れるには至らないのが実際のところであった。また、目ぼしい資源がなく観光での集客が難しいとなると、農村の再生も視野に入れ、「田舎ぐらし」の希望者を募るなど移住促進に力を入れるのも全国的な傾向である。

一方、旅行業界に目を向けると、国内旅行が低迷するなか新しい形態の旅が注目を集めている。従来は、大規模マーケットを背景に大都市圏の旅行社が主催する発地主導のパッケージツアーが主流であった。ところがインターネットの普及など情報化が進み、旅行社の情報優位性が崩れ、旅人のニーズも大きく変化した。そして登場してきたのが、地域のことを熟知した地元の人が主導的な役割を担って旅づくりに取り組む「着地型」とよばれる旅である。

パッケージツアーが商品化されて以降、旅の事業者はマスマーケットに対してスケールメリットを追求しながら旅の商品を流通させてきた。一方、顧客を受け入れる地域の側では「観光化」が推し進められ、この数十年の間に、多くの観光客を受け入れることで地域自身が「消費」され、大切なものを失っていったと感じさせるところも少なくない。

本書は、この「観光化」を、人と人の関係性の視点から定義し、その定義にもとづいた地域づくりに役立つ旅の本質、およびその形態や流通について、事業者と地域の両面から考察しながら、具現化に向けた方策を提示しようと試みるものである。観光化されない地域づくり、お客さま扱いしない交流型サービスといった、マスツーリズムとは、ひと味異なる地域主導のオルタナティブな旅を誰がどのようにつくって流通させていくのか具体例を示しながら議論を進めていきたい。

なお本書は、過去20年にわたって全国各地で地域資源を活用した地域主導（着地型）の旅を企画運営してきたグローバルキャンパスの豊富な経験と蓄積されたノウハウにもとづいて書かれている。特にプログラムづくりにおいては幅広い事例を交えながら詳しく解説してあるので、エコツーリズムやグリーンツーリズム、長期滞在型観光や産業観光など「ニューツーリズム」と呼ばれるあらゆる分野の旅づくりに参考になると思われる。お役立ていただければ、幸いである。

Contents

5 地域資源の活かし方

第1章 地域主導で生まれ変わろうとする国内の旅

近年、情報化の進展をはじめとする社会の動きと共に旅人のニーズや消費行動は大きな変化を遂げてきた。2008年10月の観光庁発足を目前に控え、国内の旅は大きな転換期を迎えようとしている。多様で高度な現代の旅人の期待に応える旅づくりにおいて、今、地域が主導的な役割を果たすことが期待されている。

1 観光立国宣言と地方都市(町村)

07年1月、観光立国推進基本法が施行され、6月には観光立国推進基本計画が閣議決定された。そして08年10月には観光庁が設置されることになっている。

観光立国推進基本計画では、2010年までに日本人の海外旅行者を2千万人に、そして国内観光旅行における国民一人あたりの宿泊数を年間4泊にするという目標が掲げられた。また海外から日本にくる外国人においては、2010年度までに訪日旅行者数1千万人をめざしている。

一方、財政的に厳しさを増す地方都市では、ハード整備にまわす資金がないことから、政府の基本方針を受け、地域にある資源を活かしたソフトを充実させて交流人口を増やす取り組みに力を入れるところが目立つようになってきた。疲弊した中心市街地の再生とともに、観光は地方都市の優先課題に掲げられるようになってきたのである。そして、これら交流人口を増やす取り組みにおいて、これまで観光とあまり関係がないと思われてきた市民活動や、さまざまな事業者が重要な役割を担うという認識が広まってきている。

観光地(都市)とよばれる地域以外では、観光業は主要産業としての位置づけにはなかった。経済規模もさることながら、来訪者受け入れにかかわる事業者や潤う範囲が限られ、一般市民や他の産業に従事する人たちの間からは「来訪者はごみを増やし、渋滞を起こし、静寂を打ち破る迷惑な存在」といった声を聞くことも少なくなかった。観光客に自分たちの静かな暮らしを脅かされる、といった感覚を持つ人がいるのは容易に想像がつく話である。

しかし近年、観光のスタイルそのものが従来と異なる様相を見せるようになり、来訪者を受け入れる地域の人びとにも意識の変化が見られるようになってきている。

旅人は、とおり一遍の観光旅行では飽き足らず、人とのふれあいや、より深い旅の体験を求めるように変化してきた。観光施設（自然）を見てまわり、美味しいものを食べる、というだけでなく、地域に潜むさまざまな魅力にふれ、その地ならではの文化や歴史を体感し、新鮮な感動を求めるようになってきているのである。

いきおい観光事業者の側では、これまであまり縁のなかった地域のさまざまな事業者との連携を図る必要が生まれてくる。まちづくりにかかわる人、自然保護に携わる市民やＮＰＯ、農林業や漁業従事者、伝統産業に力を入れる職人さんといった様々な人たちが交流人口を増やす試みにおいて必要不可欠な存在になりつつある。

地域で暮らす人の日常的な活動と、来訪者を受け入れることとが、決して別物ではなく、相互に助け合える関係づくりに発展させることが期待されているのである。

2 低迷する国内の旅

国をあげてのビジット・ジャパン・キャンペーンの取り組みもあり、海外からの訪日旅行者数は順調に伸びてきている。一方で、日本人の旅行動向をみると、国内・海外ともに伸び悩みがみられ、図1・1からも明らかなように、特に国内旅行では落ち込みが目立つ。国民一人あたりの宿泊観光旅行回数および宿泊数は、91年に1・73回、3・06泊だったのが、その後、04年の1・18回、1・92泊まで下降線を描いて減少を続けている。また、91年には延べ2億1千万人だった国内宿泊者数が、2001年には延べ1億8千万人にまで落ち込んでいるのだ。

景気回復の兆しがみられるといわれるここ数年をみても、日本旅行業協会（JATA）の06年度の主要旅行業者の旅行取扱状況速報（06年4月〜07年3月）では、海外旅行6％増に対して国内旅行は、ほぼ横ばい状態であることが報告されている。

国内旅行の低迷については、さまざまな要因が考えられるが、それがいかなる要因であるとも、海外旅行およびその他の各種レジャーにくらべて、今の国内旅行が「魅力に欠ける」と市場に判断されていることは真摯に受けとめるべき事実である。

著者は、普段、アクティブなシニアを対象とした知的冒険プログラムを各地で企画運営している

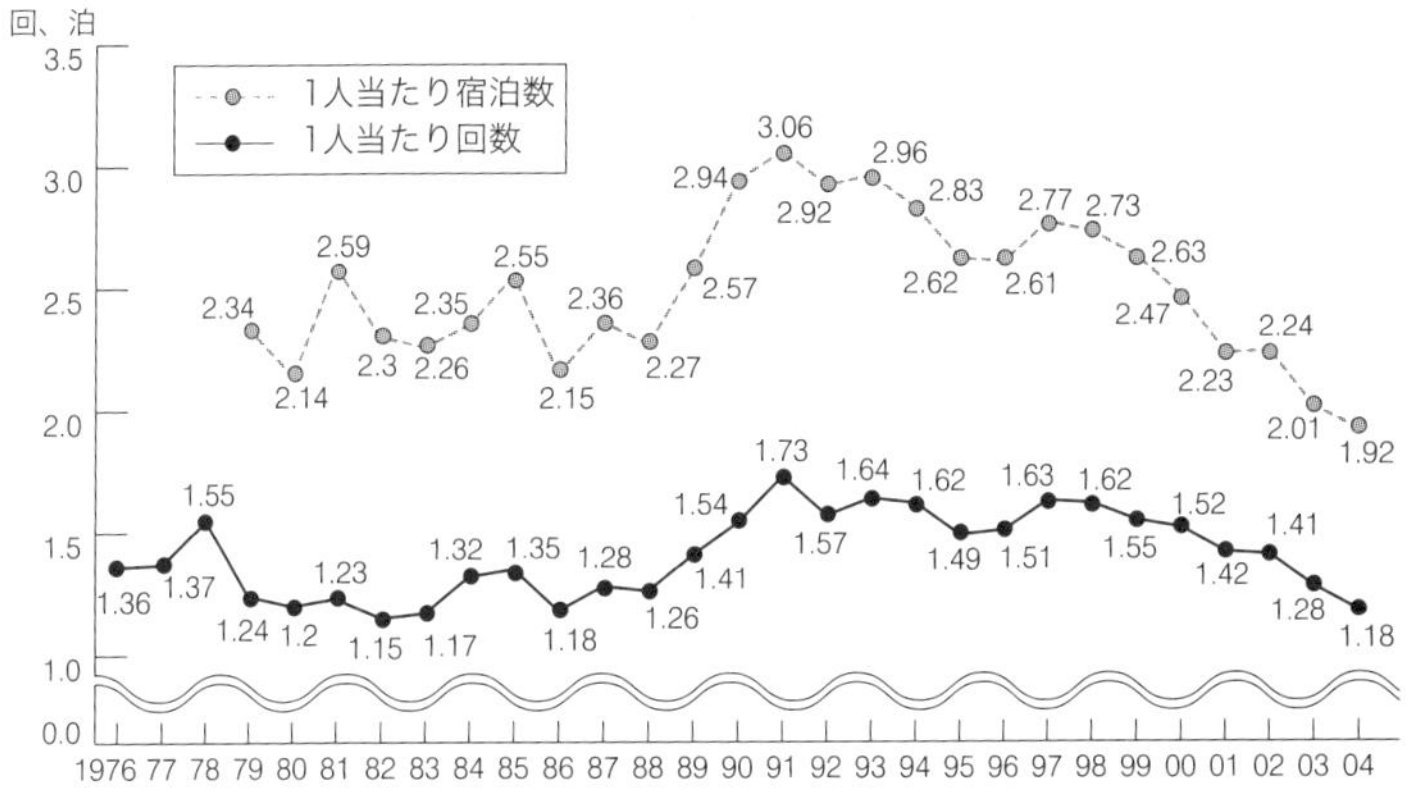

（注）国土交通省総合政策局調査による。

図1·1　国民1人当たりの宿泊観光旅行回数及び宿泊数の推移（平均）（出典：国土交通省HPより作成）

が、「元気なうちは海外へ、そして身体が衰えてきたら国内を旅したい」といった声をよく聞く。また国内の旅と海外の旅とを比較するとき、いつも思い出すおかしなエピソードがある。

国内のプログラムを企画する際、何名かの会員に「国内で1週間くらい滞在するスタイルの旅はいかがですか」と聞いたときのことである。数名から「そんな時間はとれない」という答えがかえってきた。「なるほど、そうなのか」と頷きながらも大きな矛盾に首をひねった。なぜなら、「時間がない」といった人たちのほとんどは1週間以上の海外旅行に、どんどん出かけているからである。同じ旅でも、海外と国内とでは何かが違う。もしかしたら同じ旅行にもかかわらず、異なるカテゴリーのレジャーだと感じているのかもしれない。

ある旅行情報誌に「日本は広い、世界は狭い」というコピーが使われていた。秀逸といえるコピーだが、まさに広い日本のすみずみまで出かけ、その地の魅力を存分に堪能できる質の高い価値ある旅を、どう旅人に提供していくのかが国内旅行の課題であり、本書の主要テーマとなっている。

3 インターネットの普及により変わる旅行業界

近年のインターネットの普及は、旅にまつわる商品の選択と購買パターンを大きく変化させた。そもそも旅に関連する商品の多くはカタチのないものであり、モノの配送が必要ないため、電子情報のやりとりだけで予約や取引・決済までを完結させることができる。今では、旅人はリアルタイムで旅先の情報を容易に入手し、航空券や宿泊も旅行会社の窓口を経由せず、ダイレクトに予約・購入できるようになった。

宿泊予約サイトには膨大な数の宿泊施設情報が掲載され、リアルタイムで空室情報が検索でき、各人のニーズに沿った宿を瞬時に選び出してくれる。さらに宿を評価する判断材料として「利用者の声」まで参照できる。日本航空や全日空といった航空会社も、正規運賃のほかに正規割引運賃をネット上で公開し、旅人は自分の都合にあわせて安い航空券を入手することが可能だ。これまで旅のパーツ（宿や交通機関）を供給していた旅行会社の窓口機能がインターネット上で代替されるようになったといえるであろう。

㈱ツーリズム・マーケティング研究所の「海外旅行実態調査」によると、インターネット利用者を対象とした旅の予約申込み方法に関して、インターネット利用が34・5％、旅行会社の店舗利用が30・7％と、インターネット活用者が店舗利用者を上回っている。日本旅行業協会（JATA）では、電子商取引市場の規模は07年には1兆8千億円、旅行市場全体の約12％に達するだろうと予測している。

こうした動きは、これまでの旅行業のビジネス・スタイルそのものを大きく揺るがし、また新たな展開へと導く契機となっているのである。

4 マーケットの変化と旅行業界の行方

かつて旅行会社は、鉄道や飛行機のチケットの代理販売、宿泊施設の予約代行などを行い、その手数料収入を得るのがビジネスの基本であった。それが、旅先の選定から宿や旅のコース（旅程）まで自社で企画し、料金を決めて販売するパッケージツアーを生み出したことにより、収益のあがるビジネスに生まれ変わった。旅行会社が主催者となる団体旅行がそれで、アゴ（食事）、アシ（交通）、マクラ（宿）のほか、旅にかかわる商品を、スケールメリットを活かして安価に仕入れ、収益の向上をはかるようになった。そして修学旅行をはじめ、職場の慰安旅行や報奨旅行など団体旅行はその市場を拡大していったのである。

しかし80年代以降、旅行そのものが大衆化し、顧客ニーズも多様化の時代を迎える。90年代に入ると格安航空券が市場に出回るようになり、さらに追い討ちをかけるようにインターネットの普及で情報が豊富に流通し、旅に慣れた多くの人たちは、アゴ・アシ・マクラといったパーツを自ら選んで旅をつくるようになった。かつて隆盛を誇った、添乗員が旗を持ってその後をついて歩くスタイルの団体旅行は影を潜め、かわって多様化・高度化する個人のニーズに合致する個人旅行が主流になってきたのである。今では、「○○ホテルの○○の部屋にとまり、○○レストランで○○を食べ、○○美術館で○○の絵を見て、○○の町並みを散策し、○○工房で○○体験をしたい」、といった細部にわたる要求が生まれてくるようになっている。

こうした市場の変化により、スケールメリットを武器にパッケージツアーを主力商品としてきた旅行会社のビジネスモデルは行き詰まりを見せるようになる。さらに格安航空券の普及と並行してツアー商品の価格競争が激化し、旅行各社は利益を確保しにくくなった。今需要が高いのは、飛行機（もしくは列車）と宿がパッケージ化され、あとはまったく自由といったスケルトンタイプ※のパッケージツアーであり、旧来型のビジネスモデルでは収益が期待しづらくなっているのである。

※飛行機（または列車）とホテルがセットされたツアーを往復運賃並みの価格で購入できる。朝・夕食を付けるか否か選択でき、交通便の時間帯によって料金が異なる。通常、出発日のおよそ10日ほど前までに購入することが必要。

5 国内旅行の低迷を打破する「着地型」の旅

こうした国内旅行の行き詰まりを打破する道はあるのだろうか。かつて若者で賑わった各地のスキー場も、今では閑古鳥が鳴くところも少なくない。そんな現象に「スキー場のライバルは携帯電話だ」との指摘がなされたこともあった。若者の限られた財布の中身が出て行く先として、スキーが削られてしまったというわけである。しかし、これまで20年ほどにわたって幾多のまちを訪ね歩き、現地の人たちと語らい、独自のプログラムをつくって集客に努めてきた経験をもとに考えると、国内の旅が海外旅行や他のレジャーと比較して「価値が低い」とは決して思えないのである。にもかかわらず国内旅行が低迷している理由はどこにあるのであろうか。

それはおそらく、ほかの何よりも優先して購入したいと人びとに思わせる商品が、旅のラインナップに見当たらないからである。そう考えると、旅の商品企画力がマーケットニーズに追いついていないという現実をあらためて直視する必要がでてくる。⑴個人志向とマーケットニーズの変化、⑵情報優位性の崩壊、⑶商品企画力（価値提示力）の不足、という三つの要因により、旧来型の旅は、その魅力を失っていった。そのような状況のなかで、多様化し高度化する現代の旅人に対して、どのような商品をどう提供していけば国内の旅は活性化されるのであろうか。

旅人の情報優位を覆すひとつの方法は、旅を企画し実際に運営する主体を、旅の出発地（発地）から、旅人を受け入れる地域（着地）に移管することである。いくら旅人が豊富な情報を持っているとしても、地元の人だけが知る隠れた名店・名所までは知り得ない。刻々と変化する自然環境のなかで、四季折々の土地の魅力を紹介し、その地ならではの方法で来訪者をもてなす旅は、顧客より情報優位にある地元の人が主体にたってはじめて可能となる。

同時に、旅の企画運営主体を、旅人を受け入れる地域（着地）に移管することで、豊富な地元情報をもとに取捨選択しながら旅を組み立てることが可能となる。マーケットのニーズを的確に把握し、何が旅人にとって価値あるものなのかを考え抜き、旅なれた旅人の予想を凌駕する商品を開発することで、他のレジャーに負けない商品を生み出すことがはじめて可能になる。そして、それら商品を個人旅行にも対応可能な体制ができたとき、国内の旅は新たな道を歩みはじめるであろう。

こうした、旅人を受け入れる地域（着地）の人材や組織が主導的役割を担って旅の商品開発や運営を行うスタイルは今、旅行業界で「着地型旅行」とよばれている。ハワイや沖縄などの国内外のビーチリゾートでは、シュノーケリングやエコツアー、文化体験メニューなど、現地スタッフが案内する現地発着ツアーが数多く販売されており、これらも着地型旅行のカテゴリーに分類される。

着地型旅行の企画運営主体や、流通のしくみ、販売方法は、今後さまざまなスタイルが予測されるが、本書では、旅人を受け入れる地域（着地）の視点に立ち、旅を企画運営する際の考え方や具体的な方法について順をおって解説していきたい。

古の川舟をつかった川下りで歴史ロマンに思いを馳せる

五感で自然を感じると新しい世界が見えてくる

第2章 求められる本物の旅とは

旅のめざすところは「感動」にある。その感動を与える旅を生みだすためには、どのような要素が必要なのであろうか。「観光化」が抱えるジレンマをのりこえ、マスツーリズムでは生み出せない感動の旅づくりを考えてみたい。

1 「観光化」を指標として考える

筆者がプログラムを企画する際、特に意識していることのひとつが「観光化されていないプログラムをつくる」ということである。

この「観光化」という言葉は、「観光化されている、観光化されていない」という表現で使われることが多いが、その意図するところは、なんとなくイメージできるものの、どのような状態を指し示しているのか、正確に共有できずに会話の中で使われるケースが多いのではないだろうか（同様に「活性化」という言葉もそうであるが…）。

ここで、本章の主要テーマのひとつでもある「観光化」という概念をできるだけわかりやすく、かつ地域が主導的役割を担う旅づくりや地域振興を考える上で有効活用できるよう、物差しを提示して定義することを試みたい。

まず、無人の荒野をひとり旅するような旅でもなければ、どんな形態の旅においても、来訪者と、来訪者を受け入れる地元の人、という二つの立場の人が存在する。

その際、来訪する側と地元受け入れ側の暮らしとの間に、少なからず境界線が生まれる。「この境界線からこちらは私たちの暮らし、この境界線から向こうがお客様のいる場所」と線引きをするのである。この境界線が、限りなく来訪者の側に近いケースを「観光化されている」とし、反対にその境界線が限りなく受け入れ側に近いケースを「観光化されていない」と位置づけるのが本書で述べる「観光化」の基本的な考え方である（図2・1）。

いくつかの事例をもとに考察を進めていきたい。

ある地域のお店で、地元産品を販売している店員のAさんと来訪者との関係を例に考えてみよう。

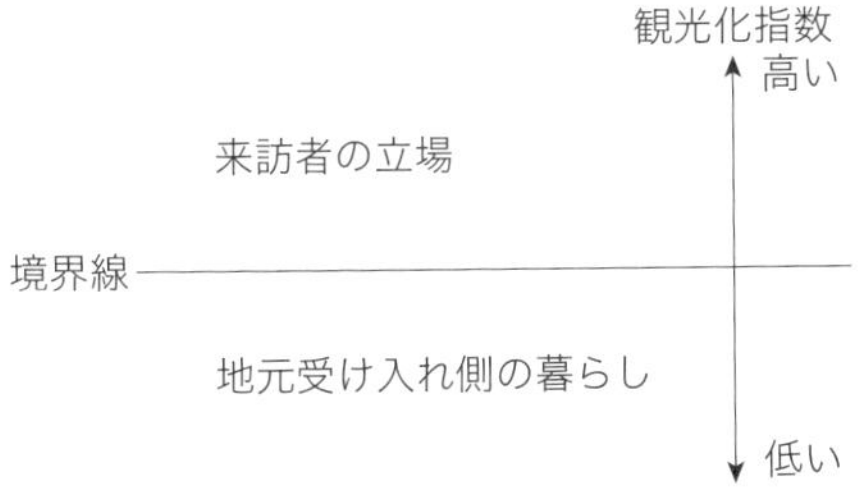

図2・1　観光化の定義

店員Aさんは、普段お店に立っているときは、「○○商店の店員」という顔で顧客（来訪者）と接することを求められる。しかし、このAさんには、あたり前のことではあるが、○○商店の店員という以外に、地域に暮らす市民としての顔もあり、そのほかにも様々な顔を持っている。地元消防団の団員だったり、お祭りの囃し方だったり、郷土史研究を趣味としていたり、はたまた釣り名人や虫取り名人だったり…と。

旅先の最前線（あえてここではそういう表現を用いる）で接する地元の人が、来訪者にとって単なる一店員さんだった場合、そのお店における商業ベースでの最低限の情報（コミュニケーション）しかAさんから得ることができない。

ところが、もしこのAさんが、モノを売る際「この季節はうちのまちではこんなものが採れてね。この時期、私たちはこんな行事をして、これをこんな風に料理して食べるんですよ」と語りかけたとき、来訪者は、Aさんを通して地域への理解が深まり、一歩その地域に近づけることになる。

さらに顧客とAさんとの間で会話が弾み、「昼休みに裏山に山菜取りに行くけど、ご一緒しますか？」とか「お弁当につくった郷土料理があるんだけど、ひとくち食べてみますか？」。そして「うちでご飯食べていきなさいよ」、ついには「うちに泊まっていきなさいよ」という話になれば、一般的な観光旅行とはまったく異質の旅となるのである。

こうした、来訪者を受け入れる地域の人が、経済化されるサービスの枠を質的にも量的にも超えて、地域で受け入れる人と来訪者との間にコミュニケーションがつくりだされるところに「観光化されていない旅」の持つ特徴があるといえるのである。

2 「お客さま扱い」と「遠くから来た知人扱い」

「うちに、泊まっていきなさいよ」という地元の人と来訪者との関係は、ツーリズムの観点から見ると、マスツーリズムとは対極に位置する。

マスツーリズムは、膨大な数の顧客に一定の質を維持して提供するサービスであるから、こうした個別対応は望むべくもない。よって受け入れる側はどうしても来訪者を「お客さま扱い」することになる。

この「お客さま扱い」という言葉は、地域主導の旅を考える際のキーワードのひとつでもある。「お客さまは神様です」というのは国民的歌手・三波春夫さんの有名なせりふだが、顧客を神様とした場合、サービス提供者と来訪者の間には埋めることのできない大きな溝が生まれることになる。

ここで来訪者を受け入れる側が、経済化されたサービスの範囲内で最大限のサービスを提供するケースを考えてみたい。

著名なホテルやレストランでは、そのサービスの質の高さで顧客の支持を得ているところがほとんどである。ベルボーイやコンシェルジュといったホテルマン、またレストランのシェフやソムリエ、スタッフたちは、自らの素性を明かすことはなく、その必要もない。一方で顧客の方でもそれを望んではいないだろう。

こうした場面では、顧客の最前線にいるサービス提供者は、あくまで匿名性が高く、顧客の満足度は高いものの、サービスが画一的となる面は否めない。そういう意味では、品質管理が行き届いた全国（世界）一律のサービスは、観光化（商業化）されたサービスとなり、その普遍性が逆に地域特性を覆い隠し、顧客が地域とのつながりを深めることを阻害する要因にもなりかねないのである。

ここに、地域づくりと観光との関係づくりの難しさが見え隠れしている。

ビジネスマンが宿泊するホテルは、そのホテル内にいる限り、ニューヨークでもロンドンでもパリでも東京でもほぼ同じ環境が確保されるといっても過言ではない。つまり地域特性が極端に薄められているのである。もちろんビジネスマンを対象としているからこそ、そうした画一性が求められるのであるが、では観光ホテルや旅館ではどうだろうか。やはり人気ホテル（旅館）と呼ばれるところも、多少の違いはあっても、その地ならではの個性が見られるものは極めて限られているのが現状である。

このように、サービスを高度に経済化し、一定の水準を確保した「お客さま扱い」を徹底することが、高品質のサービスを提供する原点となっている。

では、この「お客さま扱い」と対極にあるサービスとはどのようなもので、その質にはどんな特徴があるのだろうか。

「お客様扱い」と対極にあるサービスは、標準化されたサービスとは異なり、地域で顧客を受け入れる人は、自らのパーソナリティ（プライバシー）を可能な範囲で開示しながら来訪者とコミュニケーションをつくりだすことになる。その場合、お互い相手に対する、より深い理解や愛着が生じるケースが少なくない。人間関係が深まるのである。また一方で、相互に嫌悪感を抱かせるケースもあり、ビジネスシーンでは見られない「好き・嫌い」といった感情的な側面が表面化することもありえる。それは職務として与えられた社会的仮面を脱いだ人間と人間の付き合いが生まれてくるから当然のことともいえる。

ここで、こうした来訪者の受け入れ方を、「お客さま扱い」に対して、「遠くから来た知人扱い」と呼ぶことにしよう。

「お客さま扱い」せず、「遠くからきた知人」として来訪者を受け入れる場合には、温かみや安心感、そしてときに窮屈さも発生する。しかし、サービスが画一的でないため、驚きや新鮮さといった、未知の感動や出来事が期待できるのである。

3 「本物」体験と「観光化」のジレンマ

今、全国各地で体験型観光の名のもと、さまざまな観光商品が開発されようとしている。

10年近く前になるが、沖縄県石垣市を訪ねたとき、「サバニ・クルーズ」というサバニに乗って漁を体験する企画を考え出し、旅人に向けて販売しているNさんに出会った。サバニとは八重山地方の漁師が利用する細長い舟の呼称である。Nさんのお宅におじゃまして話をうかがったところ、N

さんは石垣島周辺の珊瑚の保全活動にも取り組んでいる方で「毎日漁に出ると魚をとりすぎる恐れがあります。でも、だからといって一定の水揚げがないと生活に支障が生じます。そこで漁をする日を減らすかわりに、漁をしない日にはサバニ・クルーズとして観光客をサバニにのせて漁体験させることにしました。そのクルーズ代金で不足分の水揚げを補おうと考えたのです」という話だった。

第一次産業に従事しながら、第三次産業に乗り出したこの試みはまさに衝撃的だった。環境保全と、生業としての漁業と、自らの生活といった複数の課題を真剣に見つめた結果、生み出されたこのアイデアは秀逸だ。

このケースのように、地域にある資源を活かして旅の商品に組み込もうと考える際、ひとつの課題となるのが、顧客の「本物指向」にどう応えるかということである。

前章の「旅のマーケットの変化」のところで述べたとおり、現在の顧客は豊富な情報を持ち、自分にとって有益な情報を取捨選択する技術を持つようになった。その選択眼はかつてないほどに磨かれ、ニセモノには容易に騙されないようになってきている。裏を返せば、本物志向が一段と強まっているともいえるだろう。

これは、あらゆるサービスや商品に対してもいえることであり、旅のサービスに対しても例外ではない。現代の旅人は、これまでの一般的な観光旅行に飽き足らない思いを抱いている。そして価値あるもの、つまり「本物」にふれたいと願い、日常では決して出会えない本物に出会ったとき、大きな感動とともに満足感が充足されるのである。

この高まりつつある顧客の「本物志向」に対して、マスツーリズムが直面する課題について、いくつかの例をもとに考えていきたい。

伝統工芸を素材に学習や交流・体験など（以下、「旅のコンテンツ」と呼ぶ）をつくりだすケースをもとに考えてみよう。

伝統工芸というからにはその道の達人・名人がいる。モノによっては人間国宝とよばれる人がいる分野もある。産業として裾野が広い分野であれば、それに携わる人は超一流からアマチュアまで人材は豊富だと考えられる。

ここで、旅のコンテンツを「あくまで体験」と考えた場合、プロもしくはセミプロレベルの人を講師に迎え、体験的に工芸作品をつくる時間を設けることが可能となる。人材が豊富であればこそ、体験する行為を旅のコンテンツとして商品化することはさほど難しくはない。

しかしその分野において名人と呼ばれる人の工房を訪ね、その名人から直接、超一流の技を見せてもらって話を聞くとなれば、なかなか商品化するのは難しい。それが万が一にでも商品化されたとしたら、名人の工房を訪ねる稀有なチャンスとなり、その希少性から、たとえ高額でも購入したいと思う顧客を見つけることはさほど難しくないのではないだろうか。

	サービスの供給量	価格	取扱主体
A	微量（年1回程度）	高額（無料）	非営利組織
B	少量（年数回程度）	やや高額	非営利組織／旅行会社
C	大量（年数10回以上）	廉価	旅行会社

図2・2　「本物にふれる旅」の供給とマーケット・価格・取扱主体

ところが現実には、名人が登場する旅をつくって販売するのが極めて難しいのは、あくまで名人は伝統工芸の世界で超一流のプロではあるが、工房を見学させたり旅人に話をしたりすることを生業としていないという点にある。よって、「名人の工房見学と名人のお話」を高額商品として販売する事業者と名人との間に、普通では考えられない特殊な関係がないと成立しないケースといえるだろう。

図2・2のとおり、本物度が高くなればなるほど、その商品化は難しくなってくる。「人」を旅の商品に組み込んだ場合、その人の本物度を追及すればするほど、その旅は大量生産ができなくなるからである。

つまり、本物志向を背景に、本物を素材とした旅を商品化して流通にのせようとすると、スケールメリットを追求するマスツーリズムの形態では限界が生じるのだ。そして、それを強引に推し進めようとしたら、その商品の最大の魅力であった「本物」が、いつの間にか「ニセモノ」になってしまう恐れさえあるのだ。

前述のサバニ・クルーズを動かしているNさんが、本業である漁師を辞め、観光客向けのサバニ・クルーズに特化したらどうなるだろう。確かに「かつて漁師だった」という経験をもとにサバニ漁を伝えることは可能かもしれない。また、それなりに集客を続けることも可能かもしれない。しかし、「漁師さんにサバニに乗せてもらって漁を体験する」ということからすると「漁師さんに」というところが本物でなくなる時点で、「観光化された」サービスのひとつに変質してしまう。そして、次第に顧客に消費されるようになり、悪くすれば飽きられ、良質な旅のコンテンツとして継続的な活動ができなくなる危険性もはらんでいるのである。

地域の資源を旅づくりに活かそうと考えるとき、従来型のマスツーリズムが抱える大きなジレンマがここにある。

4 お祭りにみる「観光化」と「非観光化」

❖旅の有力コンテンツ〝お祭り〟

国内の旅において、これまで、そしてこれからも有力な旅のコンテンツとして活用されるものののひとつに「お祭り」がある。

日本三大祭といえば「祇園祭」（京都）、「天神祭」（大阪）、「神田祭」（東京）、そして東北三大祭といえば「青森ねぶた祭」（青森）、「仙台七夕祭」（宮城）、「秋田竿燈《かんとう》まつり」（秋田）である。いずれも全国から多くの人を集め、地元を盛り上げ、来訪者を楽しませてくれる。「お祭り好き」といわれる日本人だが、神社のものに限定しても、全国で30万ものお祭りがあるといわれている。

かつて私たちのプログラムを開催した経験がある北海道芦別市の林正志市長は「まちづくりの原点はお祭りにあり」と語り、市職員の採用面接では男性には必ず「僕と一緒にお尻をだして祭りに出られるかい？」と聞くという。

交流人口を増やし、元気なまちづくりを進めていく上で、お祭りパワーを起爆剤にしようという考えだ。同市の「芦別《あしべつ》健夏山笠《けんかやまかさ》」は、博多祇園山笠を見て感動した芦別の市民の手によって始められたものだが、観光の観点から、広く一般に開放することによって交流人口の増加に役立っている。

五穀豊穣や豊作・豊漁への感謝、航海の安全祈願など、農林業を基盤とした暮らしのなかから多くのお祭りが生まれた。近代化を遂げた現代では、商売繁盛や観光、まちおこしなど、その時代の流れにあわせながら発展と衰退を遂げてきている。

お祭りには、お神輿の行列や境内に並ぶ屋台から、能や狂言、歌舞伎や神楽といった伝統芸能まで、観光の素材として有益なコンテンツが豊富に揃っていることも魅力のひとつである。

❖お祭りは「観光化」と「非観光化」の境界が難しい

本章の「観光化」というキーワードに沿って、この「お祭り」を素材に考察を進めてみたい。

東京にいちばん近い城下町である川越は、江戸時代から舟運を利用した物資の集積地として栄え、小江戸とよばれるとおり江戸文化が息づくまちだ。江戸・明治期の建物や神社仏閣をはじめ蔵造りの町並みの魅力を訪ね、年間約400万人の観光客が訪れる。この川越では、毎年「川越祭り」が行なわれている。

川越祭りは、川越城主・松平伊豆守信綱が祭礼用具を寄進したことから、氷川神社の御祭礼として神輿が巡業されるようになり、350年にわたって変遷を遂げながら今に受け継がれているお祭りである。趣向が凝らされた山車が蔵造りの町並みをゆるやかに練り歩き、その山車どうしが出会うと、お互いに向き合い、相手に対して自分たちのお囃子を披露する「曳っかわせ」が見所のひとつだ。

じつは、この川越祭りは、その起源であった氷川神社の例大祭から分離されたことがあった。観光客の誘致を視野に入れ、市民のためのイベントとして行政主導の祭りに衣替えが行われたのである。この衣替えが功を奏し、うまく発展を遂げ多くの人を集める一大イベントへと成長した。それが05年2月、氷川神社の神事と山車行列が国から重要無形民俗文化財指定を受けたことから、ふたたび本来の氷川神社の大祭と、市民の盛大な川越祭りが融合することになった。祭事であるお祭りと楽しい市民のイベントが融合し、06年は110万人の人で賑わったという。

このように「お祭り」は、観光化された部分と観光化されていない部分との区別が難しい。京都三大祭りで知られる「時代祭」を評して「あれは単なるイベントや」という京都の人もいる。宗教的な色彩を感じさせない観光イベントのイメージが定着しているお祭りもある。ちなみに時代祭りは、平安神宮の創建と平安遷都1100年祭の奉納行事として1895（明治28）年にはじまったものだが、その根底には、都が東京に移って危機感を抱いた京都町衆のまちおこしの願いが込められていたのである。

京都において私たちのプログラムの企画運営に尽力されたコーディネーターの故・玉川雄司さんは、今も時代祭が多くの人を集めることについて「京都の観光は100年以上も前のソフトでまだ飯を食っている。21世紀になったんやし、新しいソフトを開発せんといかんなぁ」と危機感を持って語っておられた。

最近では単に見学するだけでなく、だんじりをひいたりお神輿に乗ったりすることを目的に全国のお祭りめぐりをする人もいるという。

神事や仏事としてのお祭り、地元で暮らす人にとってのお祭り、行政や地元商工業者にとってのお祭り、そして来訪者にとってのお祭りと、それぞれにとってお祭りの意味合いは異なるものとなる。

神聖なる祭礼を起源としつつも、現代社会のなかで、複雑な利害や思惑を包含しつつ、お祭りという有益なコンテンツの位置づけをちゃんと整理して再検討することが必要だ。

5 「本物」の凄さをどう伝えるのか

「産業観光」という言葉を聞いたことがあるだろうか。これは地域の産業を素材として活用し、観光に役立てようという試みである。

今も稼動する工場や、かつて栄えた地場産業の遺構などを来訪者に開放し、見るだけにとどまらず、創設者の思いや地域および社会全体に与えた影響、事業そのもの成り立ちなどについて楽しみながら理解を深めてもらえるようにしようというものだ。

新聞や雑誌・テレビでしか見たことのなかった工場（跡）を実際に訪ね、関連する産業の歴史や社会の仕組みを学ぶ、いわば「大人の社会科見学」のコースづくりともいえるだろう。造り酒屋の酒蔵を見学し、その経営者やスタッフ、ときに杜氏から話を聞くなどといったものも産業観光の一例といえる。

そして、美術館や博物館の出口付近にショップがあるのと同様、施設によっては同社由来の品物や製品が購入できるショップが設置されている工場もある。来訪者の受け入れを担当する現場では、施設を開放するだけでなく、道標や解説付きの案内板を整備したり、案内役を務めるガイドの育成といった取り組みも進められている。

今から20年ほど前のことである。グローバルキャンパスの原点となったエルダーホステル※の北欧プログラムに参加した際、行程のなかに陶磁器の工場や車のボルボの工場見学が組み込まれていた。国家を代表する産業について現地で学ぶという意図だったと思うのだが、ボルボの工場では小型列車のような見学用の乗り物に揺られて、まるでディズニーランドの「イッツ・ア・スモールワールド」の内部にいるかのように、楽しみながら車の組み立て工程をたどることができた。

こうした産業という資源を観光商品に活用するにあたっては、来訪者側と受け入れる側の双方が、その目的や方法について、事前に十分に検討する必要がある。

数年前、京阪神地区の観光分野の先生方が集まったシンポジウムにお招きを受け、パネラーとしてその末席に参加させていただいた。

「地域の資源を素材にした観光」についての話題になったとき、「東大阪には大小さまざまな工場がたくさんある。そこで小中学生に工場見学をさせたらよい」という意見が出された。もちろん大賛成である。続いて「工場の端に見学者用の通路をつくって、入口から出口まで安全に見学できるよう、通路と作業現場の境にガラスを張って見学ルートを整備したらいい」といった意見が出されてみんなが頷いた。

少なからず違和感を覚え、次のような質問をした。

「ガラスは必要ですか？」

確かに、仕事をしている人たちに迷惑をかけないため見学者と作業場を区切ることは必要かもしれない。また、機械が動いている作業場近くに見学者が立ち入ることは、安全管理上も問題があるだろう。しかしここで著者が違和感を抱いたのは、作業現場と見学者の間をガラスで仕切ることによって、匂いも伝わらず、音も聞こえず、そして働く人の額の汗も、とても遠いものになってしまうのではないか、さらに目の前に広がる、それこそ「本物」に直にふれるという感動が薄れてしまうのではないか、と感じたからであった。

受け入れる側で「私たちのエリアはここなので、あなたたちが入れるのはここまで」と線引きをし、その境界線が明確であり、かつ限りなく受け入れ側から遠い場合は、観光化されたサービスになる。確かに何らかの境界は必要だ。しかし、オートメーションのように見学ルートをたどらされることにより、新鮮な感動が生まれにくくなることも理解しておくことが必要だ。

だからこそ、何をどう伝えるべきなのかという受け入れ側の意図と、何をどの程度知りたいのかという来訪者の意図、この両者を十分にすり合わせ、目的が達成されるよう内容を検討することが必要になってくるのである。

※エルダーホステル（Elderhostel）：75年、米国ニューハンプシャー州内の5つの大学で始まったシニアを対象とする大学開放プログラム。参加者は学生寮に宿泊し、キャンパスライフを楽しみながら様々なテーマについて学ぶことができる。現在は、全米はじめ世界１００カ国を超える国々で学びと旅を融合させたプログラムが開催されている。グローバルキャンパスの起源でもある。

6 伝え方の工夫で感動を深める

「何かを理解する」という過程において、人は決して左脳（論理）だけを使っているわけではない。音や匂いや振動ほか、五感すべてで何かを感じ取り、心の奥底で何かを理解するものだと思う。そして五感をとおして何かを感じ取ったときこそ「ホンモノにふれた」という感動を深めることができるのではないだろうか。

何かを学んだり体験したりする際、来訪者の側から見ると、五感を働かせることは対象を多方面から理解するためにとても重要なことだ。そして反対に、受け入れプログラムを企画する側からすると、五感に訴えることをとおして、より伝えたいと願っている事柄に近づいてもらえるよう、さまざまな工夫を凝らすことが必要ではないかと思うのだ。

たとえば世界遺産として人気の高い屋久島を訪ねたとする。虫一匹いない清潔で快適な空間から、ガラス窓ごしに壮大な屋久杉の姿を眺める。それはそれで確かに感動するかもしれない。体調が良くなかったり身体の具合が悪い人にはこうした環境はありがたいものであることは間違いない。

しかし苔むす森に一歩立ち入り、外気にふれ、虫のいる藪に入り、冷たい水に手を浸し、何千年というときを刻んだ屋久杉の樹皮に頬を重ねてみたらどうだろうか。身体をつかって五感で屋久島の神秘にふれようとするとき、ガラス窓越しに屋久杉を眺めたのとはまったく異なる、新たな感動に包まれることになるのではないだろうか。

目で見て、手でふれて、香りをかいで五感に刺激を

そもそも人が感動するのは、感性に訴えかけられるからだ。感動を求めて旅する人に、いくら強烈に論理的な刺激を与えても、直接的には感動を呼び起こすことは難しい。もし本物に出会えるチャンスがつくれるのであれば、その凄さが正確に伝わる方法で伝えることが重要になってくるのである。対象者によって、物事の捉え方は千差万別であるが、その対象者にあったスタイルで、つまりマーケットに即した方法で、右脳と左脳をバランスよく刺激し、本物の感動を味わってもらうための工夫が必要なのである。

本章のまとめ

本物の旅づくりのポイント

今、国内の旅は、これまでの中央主導の旅づくりから、地域主導での旅づくりへと大きな転換期を迎えている。このことは、ある意味で地域にとって大きなチャンスとみることができる。

本章では「観光化」という概念について事例を交えながら解説してきた。その前提には、「旅のめざすところは感動にある」という基本に立脚し、その感動は「本物」にふれることにより得られる可能性が高いということを論じてきた。マスツーリズムでは得られない感動を、そして「本物」を体感してもらえるようなオルタナティブな旅をつくるということは、地域にある素材を活かし、観光化を極力排して、地域が消費されない旅を生み出していくことである。

だから地域では「お客様扱い」を求める消費者としての来訪者だけでなく、「遠くから来た知人」のごとく、ものと心の両方の交流をとおして相互にふれあい、感動を共有し、マスツーリズムでは生み出せない人と人、そして人と地域（自然ほか）の出会いを演出していくところにその鍵がある。

来訪者も受け入れ側も、ともに感動が得られるような双方向性を持ったオルタナティブな旅の本質を理解し、工夫を凝らした様々な旅のコンテンツを開発し、他では真似のできない特殊性の高い旅を適正な価格で、質量ともに地域の実情に即し生産をしていくことが重要となるのである。

第3章 地域に求められるマーケティング能力

この章では、地域が主導する旅づくりにおいて、その重要な担い手となる自治体、観光関連事業者、地域づくりグループやNPOなどにとって、必要不可欠なマーケティングの概念、および新しい時代に向けてそれぞれが果たすべき役割とその考え方について考えてみたい。

1 「誰のために何をするのか？」を考える

ここ5〜10年ほどの間に、全国各地で「体験メニュー」づくりが進められた。陶芸やガラス細工、木工といった工芸体験から、蕎麦打ち、炭焼き、染物、各種スポーツをはじめ、田植えや地引網といった農林漁業の体験など、まさに百花繚乱ともいえる多種多様なメニューが各地でつくられていった。そして今もその数は増え続けている。

しかし、これまで、体験メニューの担当をしているいくつかのまちの担当者にお聞きしたところ「メニューはつくってみたが、なかなか人が来てくれないんですよね」という話が多かった。

そこで、「ところで、地元のみなさんは誰に来てほしいとお考えなのですか？」とお聞きすると、ほとんど次のような回答が返ってくるのだった。

「誰でもいいんです」。

これは、行政の立場からすると公平性の観点から正しい考え方のような気もする。しかし、ビジネスの世界において「誰でもいいから買ってください」といって販売する商品は、案外、「誰も買わない」というケースが少なくない。

もちろん商品にもよるだろうが、万人オススメとは必ずしもいい切れない体験メニューというカ

地元の人たちとともにイグルーをつくる

タチのない商品ではなおさらである。

体験メニューをつくったとき「誰のために何をするのか?」という、もっとも大切な視点が抜け落ちていたのではないかと想像する。

もちろん、大型バスで乗りつける観光客を対象に、自然や歴史的施設を見学するだけでなく、その地にちなんだ体験メニューをツアーに組み込んで来訪者に喜んでもらうことは可能かもしれない。

しかし、体験メニューをメインに集客を図ろうと考える場合、それら体験メニューをとおして「誰のために何をするのか?」という問いかけが必要不可欠なのである。

かつて、「うちのまちでは地元の翁が指導する草鞋づくりのメニューをつくりました。ぜひこれを企画に入れてプログラムをつくって集客してもらえませんか」という話を持って事務所に訪ねて来られた方がいた。

草鞋づくりそのものは、人によっては興味深い体験かもしれない。しかし「それを体験するため」に、首都圏や京阪神の人が高い交通費をはらって遠方まで泊りがけで出かけるだろうか。ましてや知名度も低く、観光地でもないまちや村ならなおさらである。

体験を売り物にして大都市圏から集客しようとするなら、体験できる素材を活用して、その地ならではの特殊なコンテンツにつくりあげることが必要だ。

たとえば、「○○の歴史好きを対象に、○百年前を再現した手づくり草鞋で、○○道を歩く」とか、「地元小学生の歴史学習のために、草鞋づくりをとおして古代の技を学ぶ」「民俗学を専攻する大学生を対象に、日本人の伝統生活とわらの文化を学ぶ―草鞋づくり体験をとおして―」「近郊の親子を対象に、わらの文化からリサイクルの心を学ぶ」といったように、対象を絞り込んで、ひとひねりも、ふたひねりも工夫を加え、その地ならではのコンテンツに仕立てあげないと遠隔地の人に来てもらうことは難しい。

これらの例は、地域特性をじっくり見極めて考え抜いてつくったものではないため、筆者としてもあまりよい例とは言い難いが、本節で論じたいことのニュアンスが伝わればありがたい。

結局、地域の取り組みや、いろいろな話をお聞きしたが、うまいアイデアが浮かばず、誠に申し訳なかったが「それだけでは集客は難しいと思われます」と、お答えせざるを得なかった。

この数年あまりの「体験メニューはつくっても、集客がうまくできない」という実態の最大の原因は、この「誰のために何をするのか」、言い換えればマーケティングの視点を欠いた提供者の論理で事業が進められたことにあると思われるのである。

2 マーケットをもう少し詳細に見てみよう

❖どんな人にきてほしいですか?

体験メニューづくりとその実際の課題に続いて述べてきたが、コンテンツづくりの具体的な考え方は、次章以降に詳しく述べるとして、これら体験メニュー同様、どの地域にもあてはまりそうなマーケティングに関連する課題について考えていきたい。

各地で、地元の方とお話する機会があるが、そのとき必ず聞くようにしている質問がある。

「どんな人に来てほしいですか? そして、どんな風にこのまちで過ごしてもらい、どんなことを感じて帰ってほしいですか?」という問いである。

大河ドラマの舞台になるとか、歴史的な○○が発掘(発見)されたとか、世界遺産に登録が決まったというような、何らかの要因で明らかに観光客を誘致できる可能性が高い地域では、「大型駐車場をつくり、観光バスがどんどん乗りつけ地元産品が販売できる大型施設を設置したいですか?

それともハード施設の整備にはお金を使わず、車での来訪を一定（数）にとどめ、環境を第一に考え、歩くなり公共交通を利用してもらって当地のよさがわかる人に来てほしいですか？　二者択一でなくても結構ですから、そのイメージだけでも教えてください」とも聞いてみる。

観光事業者をはじめ商工会の方、地元自治体や県レベルの担当者にたずねても、なかなか統一された考え方や共有されたイメージがないのが現状のようである。

確かに、地域で、既に観光業に携わっている人たちのなかには、長年の経緯も含めて、それぞれの思惑があり、利害が交錯する面があることは容易に想像できる。

たとえば、地域内に宿泊施設が複数あれば、その施設の数だけ考え方があり、個々の施設が独自にマーケティングを行い、「面」としてまちを共有しつつも、「点」として競合し、しのぎを削るという姿は、ある意味、当然である。さらに観光業以外の人びとの利害も大きくかかわってくるし、地域のリーダー的人材の有無もまちづくりの根幹にかかわる課題である。

そして大規模な集客が見込めるエリアならもちろんのこと、二者択一の話などではない。複数ある考え方のなかで、その都度その都度、厳しい決断をしながらまちづくりを進めていくことが必要なのかもしれない。

しかし、さほど大きくないまち（しっかり議論ができ、まとまりがつくれそうに思われるまち）でも、こうしたイメージを共有するための話し合いや、来訪者の受け入れ方について本音をぶつけ合いながら議論されているケースが思いのほか少ないのが実情のようである。

そうした背景を了解しつつも、地域の人と出会ったとき、「どんな人にきてほしいですか？」と質問する理由は、地域のどの立場の人がどのような考えを持っており、その地域のなかの誰とどのような形態でプログラムづくりを進めるのが最適かを判断するためである。

これは、地域が主導するオルタナティブな旅のモデルといえるグローバルキャンパスのプログラムづくりに不可欠な問いでもある。中央のエージェント主導のマスツーリズムに向いているエリアや人もあれば、地域主導の旅を志向する人もいる。そして、それが現実の姿なのである。

❖どんな風にすごしてもらいたいですか？

さて、さらに具体的に話を進めていきたい。

「観光客10万人計画」といった数値目標を打ち出したスローガンを見ることがある。この10万人とは、もちろんそのまちへの来訪者の数であり、日帰り客や宿泊客をすべて含めた数字と考えられる。ここで少し立ち止まって考えてみたい。

目標に掲げられ、実際にカウントされる来訪者10万人には、いろいろなパターンが考えられる。まず、表3・1をご参照いただきたい。

パターンAは、すべて日帰り客で占められるケースである。そしてパターンBは日帰り客と1泊

	日帰り	1泊	2泊	1週間	来訪者のべ人数	来訪者の絶対数
パターンA	10万人	0人	0人	0人	10万人・日	10万人
パターンB	6万人	2万人	0人	0人	同上	8万人
パターンC	1万人	3万人	1万人	0人	同上	5万人
パターンD	0人	1万人	1.5万人	5千人	同上	3万人

表3・1 「来訪者数10万人」のパターン

客が混在するケース、パターンCは日帰り客が少なく来訪者の8割が宿泊客のケースである。そしてパターンDでは、来訪者のすべてが宿泊客で、しかも1週間滞在する人が来訪者全体の2割弱もいるというケースである。

個々のパターンを見たとき、目標数の10万人を受け入れているまちの様子がそれぞれ異なって見えてくるのではないだろうか。地域内に存在する施設や機能、また受け入れる地元の人たちの意識はパターンAとパターンDとではまったく異なるはずだ。さらに来訪者の絶対数を見ると明らかなように、日帰りの10万人を集めるのと滞在型の3万人を集めるのとではマーケティングの方法そのものも異なってくるということが容易にわかってくる。

「パターンAがやりやすい」というまちもあれば「うちのまちはパターンBだ」とか、「よく考えてみるとDとはいわねどもCに近い方向をめざした方がうちの地域に適している」と、まちごとの特性にあわせて来訪者を受け入れるイメージを統一することが必要なのである。

行政目標として明確な数字を打ち出して取り組むことはとても重要であり、効果的だとも思われるが、この例のように数字の中身についても、しっかりとした議論とともにまちづくりのイメージの共有が求められるのである。

3 滞在型の旅に不可欠なまちの魅力

❖ふたたび注目を集める滞在型の旅

近年、モニターツアーが行なわれたり、具体的な受け入れ方法が各地で模索されている旅のスタイルのひとつに滞在型の旅がある。

特に温泉保養を主要コンテンツとしたものが多いようだが、もともと滞在型の旅は、リゾート開発が全国的に大流行した80年代後半のバブル期にも、いくつかの事業主体やエリアで検討されていた。認定施設を利用し、1ヶ月に7日以上、諸条件を満たす温泉療養を行った場合、施設の利用料金、施設までの往復交通費について所得税の医療控除を受けることができる、という法律もそのとき生まれた。

当時は、ヨーロッパ人がとるバカンス（長期休暇）の旅をイメージしたり、ドイツやフランスで健康保険の対象となっている温泉保養型の長期滞在スタイルが検討され、ハード施設の建設も行なわれた。90年代に入ってバブルがはじけ、経営的に破綻した施設も少なくなかったが、今ふたたび団塊の世代がリタイアする時期を迎え、マーケットが拡大することが予測され注目を集めている。

こうした滞在型の旅のニーズに対応して、連泊する宿泊客に対応できるよう、地域に先駆けて、施設の改修をはじめる宿泊施設も少なくないようだ。

あるホテルの経営者に聞いてみると「1泊の顧客1千人を集めるより、5連泊する顧客を200人集めるほうが、やり方によってはマーケティング・コスト が安い」という。まさに経営判断である。

❖まちそのものが滞在型の旅のコンテンツ

滞在型の旅の具体的なコンテンツについての議論は別の章に譲るとして、本節では、連泊する顧客と地域との関係性について話を進めていきたい。

あるセミナーで、東京の下町・台東区にある旅館「澤の屋旅館」のご主人・澤功さんの話を聞いた。根津神社の近くにある家族経営のこぢんまりとした澤の屋は、和室中心で客室数12、シャワーやお風呂がある部屋もない部屋もある。つくりは特別でないものの、滞在型の外国人客が多いことで知られ、その稼働率は常時90%を超えるという。ちなみに澤さんは観光カリスマにも選ばれている。お話のなかで、日本に取材旅行に来ると必ず澤の屋に滞在するある外国人記者のケースが印象的だった。要約すると次のような話である。

この外国人記者は、日本に来るとき必ず事前に澤の屋宛に荷物が詰められたダンボール箱を送ってくるという。中身は何かというと滞在中にお世話になる旅館周辺の方々へのお土産だそうだ。行きつけの食堂や理髪店、そのほか滞在中にお世話になるまちの多くの人たちに対する心配りの品々だったわけだ。

澤さんの話によると、かつては日本の湯治場にもそういう習慣があったらしい。滞在型の旅を考える場合、施設が顧客を囲い込んで外に出さないスタイルは、大型リゾートであったり、大規模な別荘地を開発するのでもない限りなかなか難しい。いきおい、来訪者は宿泊施設の外、つまりまちに出ざるを得ない。

そんなとき来訪者たちが求めるものは、その地に暮らすような滞在型の旅が、楽しくなるようなまちの魅力である。それは景観や町並みのほか、大都市ほどでなくても生活を支えるサービスが提供される利便性であり、また来訪者に対して親切にしてくれる地元の人たちなのである。

澤の屋は、古い町並みが残る谷中にあり、周辺を歩けば身近に下町文化にふれることができる。近くに根津神社や下町風俗資料館が、そして上野公園まで行くと、最高峰の作品が鑑賞できる博物館や美術館といった文化施設もある。そして、澤の屋に長期滞在する記者氏が段ボール箱に詰めたお土産の話からも明らかなように、施設だけでなく、肌や目や髪の色が違い、使う言葉が違っても親切に受け入れてくれる、安心できるあたたかな地域社会がある。だから、この宿に長期逗留するのである。

滞在型の旅を考える場合、まちの魅力そして来訪者をあたたかく受け入れる地域社会（そこに暮らす人びと）の存在が不可欠の要素といえるであろう。

4 他者依存からの脱却と地域の自立

❖9・11直後の沖縄の苦悩

数年前、沖縄でプログラムを開催したときのことである。ちょうど、ニューヨーク同時多発テロ（9・11テロ）があった翌年で、米軍基地のある沖縄はテロの恐れが高いとの理由から、修学旅行をはじめ観光客数が激減していた時期であった。

地元で観光に携わる人から聞いた話では、多くのホテルが閑散としており、大都市のエージェントが県内のホテルを仕入れるときは、恐ろしいほどの値段を提示してくるという。聞けば「あのホテルをそんな値段で！」と驚くほどだ。ホテルの側からすると、利益なんか出なくても「空気よりは客がほしい」という状況だった。

ついには「航空会社が便を減らせばお客さんが減る。エージェントがツアーをつくってくれないとお客さんが来ない。沖縄の観光は、航空会社頼み、エージェント頼みだ」というのである。

❖固定ファンをつかんでいる、ある島の秘密

ところがその翌年、体験型プログラムで集客を図るという内容の研修会に講師としてお招きいた

だき沖縄を訪ねたとき、出席者のある方が「うちの島にくるお客さまの、およそ半分はエージェントを経由しないんです」と話された。この地域では、エージェントに依存することなく、全国から来訪者を集めているという。まさに驚きだった。どのような仕組みでそれが実現しているか詳しく聞いてみた。

環境にもやさしい乗り物カヌーを使うと、より自然に近づける

海岸から眺める海から、シュノーケリングで楽しむ海へ

そこは、大小30余の島々が点在し、水深50～60ｍまで見渡せるほど世界有数の透明度を誇るエメラルドグリーンの海が広がる自然にめぐまれた島だという。ダイビング、シュノーケリング、シーカヤックなどマリンスポーツが人気で、冬にはザトウクジラが回遊する姿を洋上から見られるホエールウォッチングの基地があることでも知られている。

この島を訪れる来訪者の主要目

的は、その多くがダイビングだ。これら来訪者は、自分が暮らす家の近くのエージェントではなく、まずこの島にあるダイビングショップに電話を入れるという。

「○月○日にそちらへ行きたいのですが」とスケジュールと希望を伝える。するとダイビングショップのスタッフが、近くの民宿に予約を入れてくれるのだ。ダイビングでは、現地ダイビングショップのサポートが不可欠なため、その機能が最優先されるからではあるが、それにしてもこのようなスタイルで来訪者を集めることができたら、地域としては理想的といえるのではないだろうか。

「ダイビングをする人」という特定マーケットとはいえども、このケースのように地域自ら顧客（さらにいえば「ファン」）を掴んでいるところは全国的にも珍しい。どれだけファンをつくるか、というのが客商売の基本とすれば、それぞれの地域においてファンづくりが重要なのはいうまでもない。

あらためて、その島のホームページを見ると、会員組織をつくってメンバー募集を行っていた。会員登録すると、メールマガジンが配信され、島に渡る船舶の早期予約受付や、島でのレンタカーやお土産など各種の割引が受けられる特典が得られる。

地域が自ら顧客をつかみ、固定的なファンになってもらうことをめざして、ネット時代に対応しながら、根強いファンづくりに取り組んでいるようだ。

5 交流から滞在へ、滞在から移住へ

前述の沖縄の島のように、他を凌駕する圧倒的な特殊性を持つ地域は、やり方によっては、さらに顧客の幅を広げ、新たなマーケットに対応したコンテンツを開発していくことが可能となるだろう。

しかし観光客を集客できるような特殊性がない地域では、まずもって交流する人の数を増やすことを考え、交流から滞在へ、そして滞在から定住という流れを生み出し、少しでも地域のファンをつくりだそうとする取り組みが進められている。

そうした場合、どこの自治体においても集客するための広報・販売チャンネルが必要となる。

岩手県遠野市の場合は、自治体の中に旅行代理店経由で集客を図る「観光系」の部署と、「友好都市」や「関連団体（学校）」などをチャンネルとして集客に取り組む「交流系」の二つの部署が設置されている。そして同市では近年、この両方を経由して遠野を訪ねてくれた人が、遠野市がめざす次のフェーズである「移住」に向けて誘い込めるよう「で・くらす遠野」という機関を設置した。

このように異なる価値を求めて来訪した顧客を、最終的には自分のまちのファンとし、いつかはまちの仲間（住民）にしてしまおうという発想である。

6 旅行業法の規制緩和と地域に期待されるもの

国土交通省は、着地型の旅の需要が高まることを想定し、NPO法人などのように財政規模が大きくない団体でも、自ら旅を企画して販売できるよう、旅行業法の規制を緩和し、07年5月12日からそれが適用されるようになった。つまりこの法改正により、第三種旅行業者であっても、一定の条件のもとで募集型企画旅行を実施できるようになったのである。

旅行業は、国や都道府県への登録が必要で、宿泊や交通手段をセットにした国内のパッケージツアーを企画して販売できるのは、第一種か第二種の旅行業者に限られていた。第一種も第二種も、ともに多額の営業保証金が必要となり、比較的それが少なくてすむ第三種では、その業務範囲が、宿泊などの手配や他社が企画実施するパッケージツアーの販売に限定されていた。

しかし今回、規制緩和が行われ、営業所のある所在地と隣接市町村の範囲で全行程が完結する旅に限定してツアー商品の企画販売が可能となり、宿泊や最寄り駅への送迎などもセットにして販売することができるようになったのである。

この規制緩和により、地元情報を豊富に持つまちづくりグループをはじめ、農業体験や環境教育

【制度の概要】

旅行業者の業務の範囲は、「旅行業法施行規則（昭和46年運輸省令第61号）」第1条の2に規定されており、平成19年4月現在では、第3種旅行業者は募集型企画旅行が実施できないこととなっています。

【改正のポイント】

第3種旅行業者が、一定の条件下で募集型企画旅行を実施できるようにするため、第3種旅行業務の範囲を改正しました。

平成19年5月12日以降、次の条件の下、第3種旅行業者も募集型企画旅行を実施できるようになります。なお、基準資産や営業保証金の額、登録要件については変更ありません。また、営業所ごとの旅行業務取扱管理者の選任は従前どおり必要であり、取引条件説明や確定書面の交付等の旅行取引に係る諸手続についても変更はありません。

①募集型企画旅行を実施する区域の限定

一の募集型企画旅行ごとに、出発地、目的地、宿泊地および帰着地が次のア～ウの区域内に収まっている必要があります。

ア．一の自らの営業所の存する市町村

イ．アの市町村に隣接する市町村

ウ．国土交通大臣の定める区域※

②旅行代金の支払い時期の制限

募集型企画旅行の旅行代金については、申込金（ただし、旅行代金の20％以内）を除き、旅行開始日以降の支払いとする必要があります。（＝申込金を除き、旅行開始日より前に受け取ってはなりません。）

※一般旅客定期航路事業の船舶が、アの市町村の港を出港後、初めて入港する港の存する市町村（当該船舶の旅客の乗降の用に供される係留施設が存するものに限ります）の区域。ただし、両市町村が、ともに本土または同一の離島に存する場合を除きます。なお、本土とは、北海道、本州、四国、九州及び沖縄島の本島を指します。

表3·2 「旅行業法施行規則」の改正（第3種旅行業の業務範囲の拡大）（国土交通省HPをもとに作成）

に携わる組織など、旅行業とはよべないまでもこれまで集客交流サービスにかかわってきた団体が、旅行業登録をすることにより、地域の資源を生かしたその地ならではの旅を主体的に企画販売できるようになった。

農事組合法人やまちづくりNPO、環境NGOなど、さまざまな組織が旅の企画と販売に参画できる。さらに、Iターンや Uターンの人たちをはじめ、定年退職した人が地元に戻り、一人で会社を立ち上げ、自分で旅を企画してホームページで販売するということも可能になったのである。

7 地域の旅行業界はどう対応すべきか

❖地域の旅行業は着地型にどう対応するのか

こうした法改正の背景には、観光業とよばれる範疇の人たちだけでなく、様々な分野の人たちが交流人口を増やすという目的で、それぞれの活動の垣根を越えて旅行(観光)業への参入を模索してきたことが挙げられる。その筆頭が、グリーンツーリズムを志向する農家の人たちであり、エコツーリズムを推進する自然保護や環境教育に取り組む人たちであり、町並みを整備したり、歴史的遺産を守ったり、まちの魅力をひきだそうとまちづくりに取り組んできた人たちである。

そうした状況のなかで、これからの国内の旅を考えた場合、かつての旅行業の人たちに限らず、交流人口を増やすために役立つと思われる、あらゆる業種の人が、さまざまな場面で重要な役割を担う可能性が生まれてきている。

翻って地域を見ると、そこには旅行会社がたくさんある。全国旅行業協会（ＡＮＴＡ）に加盟している国内の旅行業者は約５０００社ほどあり、それぞれが地元に暮らす人を対象に、慰安旅行や団体旅行など「地元の人を外に送り出す」というスタイルの旅を提供している。これら地域の旅行社は、今後、着地型の旅にどのように参画していくのだろうか。

これまで永年にわたって、地元の人を外に送り出す「発地型」の旅を扱ってきたため、来訪者のための「着地型」の旅に対して、どう取り組んでいくべきか迷いを持つ会社も多いと聞く。一方で、業界大手のある旅行会社は、分社化を進め、地域に根ざした旅の商品づくりに取り組みはじめた。

そのような動きのなかで、身近な異業種から旅行業への新規参入を受ける地域の旅行社は、着地型の旅とはマーケットが違うから競合しないと考えるべきなのか、あるいは発想を切り替えて何らかの手を打つべきなのか、早急に検討することが求められる。

こうした動きは加速度的に進むことが予想され、下手をすると既存の業界がビジネスチャンスを失うことにもなりかねない様相となってきている。

❖観光協会は着地型に対応できるか

新規参入があるのは地域の旅行会社だけではない。地域で観光の中心的役割を担ってきた観光協会においても同様の動きがはじまっている。

観光に関する地域のプラットフォームとしての重要な役割を担う機関のひとつに観光協会がある。ほぼすべての市区町村に設置されており、民間組織ではあるものの、行政と密接なかかわりを持ち、予算も人も民間と行政の両者が混在した運営を行っているところが多いようだ。

当然のことながら観光協会は、観光事業者を中心に組織されるため、新たな事業者たちが観光業へ参入した場合、既存事業者との調整をはじめ、やっかいな問題を抱えることが予想される。さらによく見ていくと、地域によっては、ポストが名誉職であったり、地元の利害が複雑に絡みあって、本来、観光振興のためにやるべきことが、なかなかできないところも少なくないようである。

さらに、観光協会が抱える大きな課題は、その活動範囲が市区町村の枠に縛られることである。旅する人は、行政区に関係なく情報を求め、行政区に関係なく移動する。しかし、どの市区町村も、観光情報を立派な紙媒体やインターネットで発信しているものの、隣町の情報が欲しければ、隣町の窓口（隣町のＨＰ）で入手するしかない。

行政の枠組みのなかにあるがゆえ、旅人のニーズに合致しない面があり、それに加えて、運営が硬直化していたり、発想を切り替えるのに時間がかかったりとなると、やる気があり、新たな取り組みを模索する人たちは、観光協会に頼らなくなる。たとえば有志を募ってNPOを立ち上げるなど自前の組織をつくって活動をスタートさせることを選択することも考えられる。

実際、まちづくりと同時に来訪者を増やすような目立った活躍をしている団体は、どこも「第二観光協会」と呼べる活動を担っているところが少なくない。

こうした新しい組織は、たとえばNPOであれば、行政区にこだわる必要がないため、観光協会と違って広域的な活動が可能になる点で有利である。さらに実力次第で、国や県、自治体の支援を受けることもできる。

既存旅行業者と新規参入旅行事業者、観光協会と新たな組織、といった競争関係が生まれてきており、それらが健全なかたちで競争を行えば、ひいては地域の活性化へつながっていくのではないだろうか。

本章のまとめ　マーケットを意識した仕組みづくりを

本章の前半でのポイントは二つある。ひとつ目は、オルタナティブな形態の旅で来訪者を受け入れようとする地域は、マス・マーケットではなく細分化されたマーケットを意識することが大切であるということ。そして、二つ目は、来訪者の受け入れ方法については、独自に地域の側で主導的に決めていかなくてはならない、ということである。

もちろん大都市圏にあるエージェントからの集客を大切に守りながらも、エージェントに依存することなく、地域の側がターゲットを設定し、細分化されたマーケットに対して主体的にアクセスすることにより、独自のチャンネルで地域のファンづくりを進めることが可能となってくるのである。

さらに後半では、地域における観光業が迎えている大きな変化と、その方向性について述べた。

さらに、これまで観光事業者でなかった人たちが観光産業への参画を試みるようになり、旅行業法の規制緩和は、それを加速すると思われる。地域活性化を図るには、制度改正により新規参入した事業者が活動しやすい環境をつくることが大切である。

その際、既存の利害と新たな利害を調整しつつも、最終的に地域全体に利益をもたらしてくれるのはマーケット（顧客）であることを忘れてはならない。地域全体が一丸となって取り組むことがなかなか難しいとしても、マーケットのニーズに対応できるよう広域で活動ができ、柔軟な対応が可能な新しいプラットフォームの創出が求められている。

第4章 地域の魅力をひきだす滞在型プログラム

グローバルキャンパスのプログラムは、旅先でさまざまなテーマについて学んだり体験したりすることができる知的冒険プログラムである。数多くあるプログラムのなかから、開催地・テーマ・開催時期・期間など、特徴のあるプログラムを選び出して、その考え方やノウハウを紹介していきたい。

1 滞在型プログラムの意義

地域を訪れる来訪者には、いろいろなパターンが考えられる。規模の面から考えると、①個人客（一人またはカップル）、②家族連れやグループ客、③団体客、に大別される。また滞在日数から考えると、日帰り、1泊、2泊以上といった分類が簡単でわかりやすい。

ここでは、②または③の団体やグループに対して2連泊以上の日程で地域に滞在してもらうためのプログラムづくりについて、具体的な事例をもとに解説していきたい。

❖来訪者を連泊させるプログラムの意義

まず、こうした滞在型（連泊）のプログラムを企画することが、地域にとってどのような意義があるのか、いくつかのポイントに絞って整理しておきたい。

1無名の地でもプログラムの魅力で集客できる

プログラムをつくるということは、地域の魅力だけでなく、プログラムの魅力で来訪者を集めようという考え方である。たとえ観光的要素のない無名に近い地域であったとしても、プログラムさえ魅力的であれば人を集めることも不可能ではない。

②プログラムづくりの過程で地域のプロが育つ

プログラムを企画するにあたっては、地域の特徴を最大限に活かした「その地ならでは」のプログラムに仕立て上げなくてはならない。

そのためプログラムの企画者は、地元の歴史や文化、自然環境をはじめ、あらゆる資源を掘り起こし、十分な調査を行い、専門家や地元の人たちと語り合うことが不可欠となる。その過程において、プログラムの企画者自身が、地域の価値や地域に対する理解を深め、さらに地域内に新たなネットワークをつくることができる。

③地域のファンづくりに役立つ

滞在型であることから、来訪者が駆け足で地域を消費するスタイルではないので、時間をかけて地元の人とお互いにふれ合いを楽しみながら、地域の魅力を伝えることが可能になる。

正確に地域のことを理解してもらい、地域の人との交流の時間を持てば、地域のファンになってもらえる可能性が高く、ひいてはそれがリピーターづくりにつながる。

④「よそ者」の評価を受け地元が活性化する

プログラム期間中、来訪者は地域のさまざまな点について、よい面も悪い面も含めて評価してくれる。よそ者の声に素直に耳を傾ければ、地域の素材を磨くことにつながるのである。

よそ者の目を通して地域を見直したとき、地域の人自身が新鮮な驚きを感じたり、自分が暮らすまちをあらためて評価し、好きになったり、誇りを感じられるようになることが少なくない。

⑤地域のアイデンティティの確立に役立つ

「この地ならでは」というプログラムづくりを進めていくことは、その地域の本質そのものにどんどん深く迫っていくことである。もし、その地域で究極のプログラムをつくることができたら、それはその地域のアイデンティティそのものを表現しているといえるであろう。翻って、まちづくりにおいては、そのプログラムに表現されるもの、そしてその底流に流れる本質的な価値を、いかにカタチにしていくのか、が問われることになる。

さらに、こうした地域の本質を捉えた基本プログラムができれば、それを雛形にして派生的に様々なプログラムを生み出すことも可能となってくる。

⑥地域への経済効果

経済的な波及効果についても期待ができる。こうしたプログラムを、地域が直接、来訪者に向けて販売することができればエージェントに支払うマージンが削減でき、そのお金を地域内に確保することができる。さらに、エージェント経由で販売したとしても、「その地ならでは」の特殊で質の高いプログラムであれば、たとえ高額であったとしても販売できるマーケットは必ず見つかるものである。

こうして地域主導でプログラムを企画編成することにより、これまで大都市圏主導だった国内の旅を、地域主導で推進していくことができるのである。

地域が主導権を握れば、大都市圏のエージェントおよび顧客によって、地域が「消費」されることから地域の資源を守ることができるようになる。

さらに、近年、食の安心と安全についての関心が高まりをみせ、生活協同組合などを経由して、顔の見える生産者から野菜や肉や果物を買う人が多くなった。生協では、農薬や化学肥料の使用などについて追跡調査を行うことがある。また、多くの組合員が産地見学会という名で家族連れなどで産地に赴くことも少なくない。

こうしたケースは、モノが先に流通して、そのあとから人が交流するというスタイルである。一方、滞在型プログラムが先行する場合は、まず人が地域を訪ね、そこでその地域のファンになり、その地の産品を購入（ときに定期的に購入）するようになることも珍しくない。人の交流から始まってモノの流通が促進されるという人とモノの相互交流を進めることも可能となってくるのである。

❖マーケットに適合したプログラムづくり

このように滞在型のプログラムを企画編成するということは、地域をあらためて見直すことにつながる。それは地域の人材を育て、地域の本質に迫り、ひいてはまちづくりの方向性を見い出し、まちの活性化に繋がっていくのである。

以上のことから、滞在型のプログラムをつくることが、まちづくりや活性化に深くかかわってくることが理解いただけたと思うが、ここで注意すべき重要なポイントは、地域アイデンティティをベースにプログラムを組み立てたとしても、そのアイデンティティそのものがマーケットに受け入れられるものかどうかを、十二分に検討する必要があるということである。

前章で、体験メニューにほとんど人が集まらなかった事例を紹介した。マーケットを無視した「提供者の論理」でつくられたプログラムを世に出しても人びとは関心を寄せてくれない。

どのマーケットに対して、どのようなつくりこみをして、どのように訴えかけるべきなのかを検討することが必要となってくる。実際、「いいものをつくれば必ず売れる」とはいい切れない。顧客ニーズを無視して成り立たないのが難しいところだ。ある面、「つくる」こと以上に「売る」ことが難しいと考えておくことが必要である。

そう考えると、必ずしもすべてのプログラムが地域アイデンティティを色濃く体現している必要はないのかもしれない。月山講座（74頁参照）のコーディネーターの奥山悌二さんは「地域の素材を活かして、今風にアレンジする」と表現しているが、まさにマーケットにあわせたつくりこみが必要となる。

地域アイデンティティにつながる地域の本質を底流に見据えた上で、マーケットに適合したプログラムをつくることが肝要と結論づけることができるであろう。

2　プログラムづくりに不可欠な「意図」

❖一般的な観光ツアーとプログラムの違い

どんなプログラムにおいても、そのプログラムの「意図」を明確にすることが第一である。これまで述べてきたとおり、プログラムの企画者は、まず最初に「誰のために何をするのか？」を考えることが第一歩である。地域に人を呼び込むための、この原点となる問いに対する答えを明確にしたところから、はじめてプログラムの意図は生まれてくる。

これまでの一般的な観光ツアーの場合、地域のなかにある「観光素材」から適当なものを選び出し、それらを限られた時間のなかで効率的に見てまわれるよう、つなぎ合わせていくことがツアーづくりであった。

しかし、それらは地域にある○○博物館や○○記念館、○○寺や○○公園など、地域内のハード施設をベースに「どこに行くのか？」「そこで何をするのか？」という発想で組み立てられており、ツアー行程に企画者の意図が汲み取れるケースは決して多くない。

さらにツアーを組み立てた人と、実際に顧客を連れて現地でツアーを動かす人が別であることも少なくない。こうした、ツアーの意図そのものが不明確であったり、企画者の意図が運営者に正確に伝わっていなかったり、さらには最も重要なポイントである、顧客に意図が伝わらない、ということになりかねない。

筆者の運営するグローバルキャンパスのプログラムでは、こうしたプログラムを企画運営する地元の人をプログラム・コーディネーターと呼んでいる。

このプログラム・コーディネーターにとって必要不可欠なものは、地域に対する「愛情」であり、「こだわり」であり、熱い「思い」である。「思い」や「こだわり」のない人には決してプログラムはつくれないし、そのプログラムで人を感動させることもできない。

そもそも「何かをつくる（生み出す）」という行為には、その原点にこだわりや感性がある。「これは素晴らしい」という気持ちがあり「感動を共有したい」と思い、そこからプログラムづくりがスタートするのである。

「こういうことをみんなに伝えたい」

「私は自分のまちを愛している。特にここが素晴らしい」

「この人に会って感じてほしい」

と思うこと（もの）が、あることが前提となる。

❖プログラムづくりに不可欠な「なぜ？」

生涯学習プログラムという位置づけにあるグローバルキャンパスのプログラムづくりにおいては、一般的な顧客向けの旅と比較して学習的な要素が、かなり色濃く表現されている。われわれは、この「伝えたい」と思う内容を「学習目標」という言葉で位置づけている。そして、学習目標に到達するため、何をどう伝えていくのかを考えながらプログラムを組み立てていくのである（ただし「学習目標をこう立てた」と顧客に伝える必要はまったくない）。

そして、その意図（学習目標）を持って、

「なぜ、ここに行くのか」
「なぜ、これを見せるのか」
「なぜ、この人の話を聞くのか」
「なぜこういう流れ（順序）にするのか」

と、常に「なぜ」と問いながらプログラムを磨いていく。それらが所期の意図に沿って組み立ててあれば、顧客に対して強い説得力を持つことができる。

このように、①企画者のこだわりや思いをベースに、②その地ならではの特殊性を見出し、③意図を明確にして、④合理的な説明が可能なように組み立てる、というのがプログラムづくりの基本的な考え方である。

私たちが実際にプログラムをつくる際には、コーディネーターの企画したプログラムを見ながら、

「なぜ〇〇に行くのですか」

「何をするために行くのですか」

「なぜ〇〇に行かないのですか」

「そこで、顧客に何をしてもらうのですか」

といった問いかけをもとに、企画者であるコーディネーターと徹底的に話し合う。

プログラム企画において大切な言葉は「なぜ?」と「なぜなら」である。

「なぜ、なぜ、なぜ」と問いかけることによりプログラムは磨かれていく。ときに「せっかくだから、ここは訪ねたほうがよい」とか「ここは外しましょう」「〇〇に変えましょう」と、マーケットに近い立場にいる者からのアドバイスも不可欠である。

第1節で述べたように、地域に暮らすコーディネーターの視点は必ずしもマーケットの視点と同じとは限らない。数多くのプログラムに対する顧客の評価や反応を見て時代の流れや空気を感じ取ることができるマーケットサイドの担当者との協働作業により、プログラムの完成度が上がり、何より顧客のニーズにより近づいたプログラムづくりが可能になるのである。

それでは、以下の節で、過去において実際に企画運営された、いくつかの事例をもとにプログラ

ムづくりのプロセスと、その考え方を解説していくことにしたい。少し文章がくどくなるかもしれないが、プログラムづくりの実際を理解してもらうためのケーススタディとして、できる限り具体例をまじえながら記すことにしたい。

おいしいと連発しながらのフルーツの摘み取り
農業を旅づくりに活かすことも期待される

案内ガイドが白装束を身にまとうことでより雰囲気がでる

3

ケーススタディ①　冬の月山プログラム

「雪国の暮らしと自然」

❖豪雪地帯での後悔

学習や体験を組み込んだ滞在型のプログラムを日本各地で企画しはじめたころのことである。後輩のK君の紹介で、山形県西村山郡西川町にある大型ペンション風ロッジ「月山ポレポレファーム（以下、ポレポレ）」を訪ねることになった。

この宿のある西川町は、出羽三山（羽黒山・湯殿山・月山）のなかでも「死の山」として知られる月山の麓にあり、修験道を中心に今も山岳信仰が残される地である。

西川町役場にも挨拶を済ませ、ポレポレのオーナー奥山悌二さんの運転する車で、月山のまさに懐に位置するポレポレへと向かった。雪化粧した森の中を進むほど雪深くなっていく。ポレポレのある弓張平地区は地元でも豪雪地帯といわれ、一帯のなかでも特に雪の深いエリアである。例年7メートル近い積雪があり、このポレポレも冬になると閉館して奥山さんは山を降りるのだという。

ポレポレの駐車場にたどり着き、車を降りてセンターロッジの玄関に向かって歩き出した。すると、こともあろうか雪のなかにズボッと足をとられ、次の一歩を出すと腰まで雪に埋もれ、その次の一歩で、ついには胸まで雪のなかに埋もれてしまった。あわてて抜け出そうとしたが、なかなか前にも進めず悪戦苦闘。降り積もった雪を掻き分けながら、やっとのことでポレポレの玄関までたどり着くことができた。

雪に埋もれながらの道中、頭のなかでは「しまった。騙された。こんなところにお年寄りを連れてきたら大変なことになる」と後悔でいっぱいだった。しかも役場に行くことを考え、そのとき著者はスーツにネクタイという、なんとも雪山に似合わないいでたちだったのだ。

❖雪を恨んで、雪に遊ぶ

憮然とした表情で、頭からかぶった雪を振り払っている著者を、奥山さんはやさしそうな笑顔で見つめていた。暖かいコーヒーを飲んでひと息ついたころ、奥山さんが「これを着て外に出ませんか」とジャンバーの上下を差し出してくれた。半分やけくそ気味の著者は、いわれるがまま、そのジャンバーを着込み、長靴を借りてしっかり足元を固め、手袋も借りて指先を整え、ロッジの目の前に広がる広大な雪原に恐る恐る足を踏み入れた。

ところがどうだろう。完全防備をすると寒さもほとんど感じることなく、じつに快適で雪を踏みしめながら歩くうち楽しい気分が沸きでてきた。そしてものの数分もすると、もう嫌な気分は消し飛び、反対にこの雄大な雪原を思い切り走り回りたい気持ちでいっぱいになったのである。

後日談だが、騙されたと思っていたのは著者ではなく、じつは奥山さんのほうだった。「閉館して山を下りるような豪雪の時期に、こんな山奥まで人が来るわけがない」と、冬の月山プログラムが実現することそのものを疑っていたとのことだった。

❖余暇能力と自由時間

奥山さんからクロスカントリースキーでの歩き方やスノーモービルの使い方を教えてもらい、この地での冬の遊びをひとつひとつ覚えていった。さらに、夏には決して行けない場所にも積雪がゆえに簡単にたどり着けることがわかってきて、自分ひとりでロッジ周辺を探検したり、雪をかぶったブナ林の奥へ足を踏み入れたりして無心に遊んでいた。

ロッジに戻ると奥山さんから「あなたはひとり遊びができる人ですね」と声をかけられた。宿にはいろんなタイプの顧客が来られるそうで、なかには、スタッフが付き添ってあげないと遊べない人もいれば、ほっておいても自分ひとりで遊べる人もいるとのこと。じつはこの「ひとり遊びができる人」を難しい言葉で「余暇能力が高い人」という。

団体で旅をしたときなど、添乗員もしくは誰かに連れ歩いてもらわないと楽しめない人もいるが、一方で誰かに付き添ってもらわなくても自分で好きなところに行きたい人や、団体から離れて自分ひとりで好きなように遊んでいたいという人もいる。語学の壁を感じる海外旅行では顕著だが、国内のプログラムにおいても、ときにこうした余暇能力の高い人のために自由時間を設けることが不可欠になる。

ところが自由時間を設ける一方で、余暇能力の低い人の満足度を下げないため、プログラム運営者は「私は○○に行こうと思いますが、ご一緒に行きたい方はご案内します」というような配慮が必要になってくるわけである。

❖プログラム企画の考え方①「テーマ選び」

話が少しわき道にそれたが、そうして自由に雪のなかを楽しめるようになった著者は、奥山さんとK君とともに地域の資料を読み込んで歴史や文化的な背景などを頭に入れたうえで、どのようなプログラムにするのか相談を始めた。

まず、開催時期であるが「この雪のある時期にやりたい」というのが著者の意見だった。じつは前述のとおり奥山さんは「寒い冬にこんな雪深いところに人が来るわけがない」と、このとき密かに思っていたのである。

雪深く宿舎も閉館するような季節、しかもある特定の日じゃないと駄目だと著者は主張した。じつは2月の満月の日に実施したかったのである。なぜならここは月山。雪をかぶった月山のはるか上に、こうこうと満月が輝き、その月の光に照らされた一面の凍てつく雪原をながめながら、みな

❖プログラム「雪国の暮らしと自然」

1日目	
午後	JR山形駅または山形空港に集合
	オリエンテーション
	講義『月山の山岳信仰と出羽三山』
	夕食懇親会
2日目	
午前	講義『月山の冬の暮らしと鷹狩』
	鷹狩の実演
	昼食（うさぎ汁）
午後	雪遊び1(雪上ウォーク＆クロスカントリースキー)
夜	西川町の冬祭りに参加（希望者は温泉へ）
3日目	
午前	講義『雪国の伝統的な遊び』
午後	そば打ち体験／雪遊び2
	お話『月山秘法丸』（希望者は温泉）
夜	ジャズコンサート／フェアウエル
4日目	
午前	自由時間
お昼前	JR山形駅または山形空港で解散

さんに何かを感じてもらいたかったのである。

メインテーマについて、著者は迷わず「雪国の暮らしと自然」を選んだ。そして、そのテーマに沿って出てきたキーワードが「月山」「山岳信仰」「自然」「暮らし（雪遊び含む）」だった。そこでまず、山岳信仰やこの地の暮らしと自然についての講義を入れることにした。

さらに、この地の自然をどう伝えるのかを考えたとき、地元に奥山さんの知り合いで鷹匠を生業としてくらす松原英明さんがおられることがわかった。その松原さんに鷹狩りの実演を見せていただき、実際に雪国の暮らしの厳しさや、そのすばらしさについて話を聞こう、ということになった。

夏には決して行けない場所にも冬ならたどり着ける

❖プログラム企画の考え方②　「縦糸と横糸」

このようにプログラムを企画する際は、まずメインテーマを決め、そのテーマにそって軸（縦糸）となるメニューを効果的に組み込んでいく。関連施設の見学をする際には、事前に講義を行なって予備知識を頭に入れてから、施設の見学や体験を入れるようにした。

プログラムの骨格が決まったら、次はテーマに直接関係はなくても、その地域ならではの素材を探して枝葉のように横糸として散りばめていく。この月山プログラムの縦糸は「山岳信仰の講義」「松原さんの鷹狩の実演とお話」「郷土史家の雪国の暮らしについての話」とした。そして横糸には、蕎麦打ち体験のほか、月山をテーマとしたジャズのミニコンサート、地元のお祭りへの参加、そして、たまたまこの宿に逗留していた作家の高橋義夫さん（のちに『秘法月山丸』で直木賞を受賞）から月山の魅力について語っていただくなどのプログラムを組み込んでいったのである。ちなみに、ポレポレの目の前に広がる雪原での雪遊びもメインプログラムとして組み入れたのはいうまでもない。

コメント ソフトをつくって集客する方法

奥山さんによれば「騙されたつもりで乗った話」だったが、募集を始めてみると、あっという間に25人の定員いっぱいの申し込みを受けることができた。

宿泊施設を経営者する奥山さんにとっては、驚きとともに新たな発見であったという。施設というハード、そして周辺の自然を魅力としてこれまで宿泊業を営んできたわけである。ところがそこにソフトとよべるプログラムを組み込むことにより、これまで閉館していた真冬の時期でも多くの顧客を呼び込めるという現実を目の当たりにしたのである。

地元の人にとって、見慣れた風景や、あまり価値がない（時にじゃまなもの）と思われているものであっても、異なる地に暮らす人にとっては、とても魅力的なものであったり、感動をよぶものであったりするのである。

4

ケーススタディ②　夏の軽井沢プログラム
「軽井沢散歩　避暑地のリトリート」

四季折々にテーマを変えながら、15年にわたってプログラムを企画運営してきた軽井沢の宿泊研修施設「軽井沢いするの家」の新井敬二さん、由利さんのプログラムをご紹介したい。

❖プログラムのコンセプト

一般的に「軽井沢」という地名から何を連想するだろうか。避暑地や別荘、あるいはゴルフやテニスなど野外スポーツ、もしくは若者向けのショッピングモールを思いうかべる人も多いかもしれない。しかしそれらは軽井沢の表の顔。軽井沢をこよなく愛し続ける人びとは、その裏側にある歴史や伝統に育まれた特有の文化に魅せられているのである。このプログラムでは、通り過ぎるだけでは味わうことのできない軽井沢のもうひとつの顔を楽しみながら、通常のパッケージツアーとはひと味違う旅を体験することができる。

軽井沢の避暑地としての発祥は明治時代。宣教師たちのリトリート（修養と静養）の地として開拓されたこのまちには、今も多くの教会が残されている。このプログラムでは、最初に拓けた旧軽井沢を中心に、いくつかの教会や古い別荘地をめぐりながら、堀辰雄を代表とする軽井沢を愛した文学者の作品の背景となった場所にも足を踏み入れることとした。

ゆったりと歩きながら、先人たちが育み、今なお継承されているこのまち独特の「空気」を味わうことを目標とした。堀辰雄の作品『美しい村』などを事前にお読みいただくことで、よりいっそう興味深いまち歩きになると考えたのである。

❖プログラム
「軽井沢散歩　避暑地のリトリート」

1 **日目**	
午後	JR 軽井沢駅に集合 徒歩で旧軽井沢散策へ 外人墓地～雲場の池～ 旧軽井沢メインストリート～ 聖パウロ教会～ショー記念礼拝堂 ～幸福の谷 夕食懇親会
2 **日目**	
午前	軽井沢に関連するビデオ上映 堀辰雄記念館～追分旧街道散策
午後	追分教会で音楽礼拝に参席 信濃鉄道「信濃追分」駅で解散

コメント　コーディネーターの思い

軽井沢では「文学者たちの足跡」「現代美術入門」「火山と自然」「アドベント（待降節または降臨節）」「リトリート（修養と静養）」「ヴォーリズの建築」「別荘のある暮らし」など、さまざまな切り口で、季節ごとの魅力を存分に伝える内容の企画がつくられ、いずれも人気を博してきた。

そのなかでも、このプログラムは、まだグローバルキャンパスのどのプログラムにも参加したことのない初心者を対象に企画された体験版であり、期間も週末の1泊2日と参加しやすく設定してある。

現地コーディネーターの新井敬二さん・由利さんのおふたりは、15年前に軽井沢に移り住み、以来グローバルキャンパスの企画とともに歳を重ねてきた感がある。4年前から自宅の庭づくりに勢力を注ぎ、春の季節はほとんど長靴で暮らしているというご夫妻。

敬虔なクリスチャンでもあり、追分教会の信徒であることから、教会を活用してのプログラムがひとつの特徴といえるであろう。

プログラムづくりの底流に流れるコーディネーターの思いは、次の文章から理解することができる。

「旅先の知人」

軽井沢講座コーディネーター　新井敬二

軽井沢でのプログラム・コーディネーターを務めるようになって、早くも15年になる。30代だった私は50代になり、一緒にやってきた連れ合いも50代を目前にした年代になった。はじめの頃は自分たちよりずっと年長者だったプログラム参加者の方たちが、いつの間にか近い年代になってきた。

今思えば、コーディネーターを始めた頃は年長者が相手だということで、かなり肩に力が入っていたような気がする。スケジュール管理をしっかりしつつ、参加者それぞれの反応を横目で見ながら、できる限りグループ全体に違和感を生じさせないよう自然な流れにもっていく、落ち度がないように念には念を入れて…等々。毎回そんなことばかり考えながらやっていたので、終了した後は精根尽きはて2～3日は廃人のようになっていた覚えがある。

今が肩に力が入っていないかといえば嘘になるが、長年やってきたおかげで「勘所」のようなものがつかめてきたようで、多少参加者と一緒に楽しむというような余裕が出てきた。よく考えてみれば、コーディネーターにはこれが最も重要なことなのかもしれない。

落ち度なく、正確できっちりとした形でことを運んだからといって、それが参加者にとって楽しいものになるか？　自らが楽しみ、それを参加者と共有できるか否かがコーディネーターとしての腕の見せ所ではないか、そんなことを考えるようになった。

見ず知らずの人びとが集まり、少なからずお互いが緊張している中で、舵取りがこわばっていたのでは、流れに乗るはずの船も進まないだろうということである。

国内でも国外でも、ガイドブックを片手に一人で旅するのは楽しいことだが、そこに住んでいる知人や友人にその土地を案内してもらう時、決して自分では足を踏み入れることのない所を訪れて、旅がいっそう印象深いものになることがよくある。そこが風光明媚ではなくとも、その人の感性が良しとする場所であり、その良さを分かち合いたいという思いにあふれていると、ぐっとそこが活き活きとしてきて心に刻まれる。他人の視点でものを見る時の新たな発見ということだろうか。

私がコーディネーターを続けていく上で大切にしたいと思うことは、この「旅先の知人」となることであり、「ここちょっといい感じでしょ!」といえる感性を持ち続けることである。それには、私自身もっともっと軽井沢を旅しなければいけないのかもしれない。


長年にわたって試行錯誤を繰り返し、成功や失敗を経験してきた新井コーディネーターならではの深い洞察に満ちたコメントである。

コメント　コーディネーターに求められる能力

ちなみに、これまで述べてこなかったことだが、コーディネーターの役割のひとつに、来訪者である団体やグループのグループダイナミクスを維持管理するということがある。

グループダイナミクスとは正確には学問的な説明を要する概念であるが、誤解を恐れずひとことでいってしまえば、人が集って触発しあい、予期せぬような結果や状況が生み出される、そうした変化や動きを指すものである。

ここでいう「グループ(集合体)」とは、集団である顧客もそうであるが、それにとどまらず集団

個人旅行でないグループの旅の魅力のひとつは仲間づくり

がおかれた環境をもひとまとめにしたものと捉えるとよい。一方、「ダイナミクス」は、動きや変化であり、グループは基本的に動いていく存在、変化していく存在として捉えるとわかりやすい。

顧客は、集団になったとき、個人のときとは異なる心理状態におかれる。ときに集団に溶け込めなかったり、ときに集団を自らの思いで誘導しようとしたりすることもある。そうしたグループの変化や動きを的確に把握し、グループそのものの成長(学習プログラムなのであえてそう表現する)を遂げられるよう側面からサポートするのがコーディネーターの役割である。グループが変化し、それにともない個人が内面で新たな発見や感動を得ることができるよう支援するのである。

旅先でただひとりで感動するのも旅の醍醐味ではあるが、その感動を仲間と共有することで、より感動が深くなることがある。そうして忘れえぬ思いを刻んでもらうよう上手に働きかけるのがコーディネーターの役目なのである。

5

ケーススタディ③　高知プログラム
「四万十川の清流とニタリクジラの海」

このプログラムは、ホエール・ウォッチングで知られる高知県大方町（現・黒潮町）にある「砂浜美術館」の水野聖子さんがプログラム・コーディネーターを務めた。水野さんは神奈川県出身で、学生時代に鯨の研究をしており、研修のため訪れた大方町の魅力にとりつかれてこの地に移住した若者だった。地元の人たちとともにエコツアーづくりに励み、縁あって私たちとともに高知プログラムを企画することになったのである。一ヶ所での滞在型でなく、移動をともなうプログラムではあるが、プログラムづくりの参考になるのでご紹介したい。

❖プログラムのコンセプト

このプログラムでは参加者はみな「水」になる。山に降り注ぐ「雨」からスタートだ。四万十川の源流部にある黒尊《くろそん》渓谷を訪ね、山に降った雨水を吸い上げて育つ森や木をしばし見つめる。そして、水たちは清流となって四万十川を下る。川を下る過程で、自然素材（木炭や枯れ木、石など）でつくった充填材を組み合わせ、微生物の力を活かして浄化する四万十方式で水たちは浄化される。

❖プログラム「四万十川の清流とニタリクジラの海」

1日目	
午後	土佐くろしお鉄道中村駅に集合 バスで西土佐村口屋内へ 講義『四万十川の漁』 鮎の火ぶり漁見学／夕食懇親会
2日目	
午前	西土佐村木工館 お話「森林の話」／木工品づくり
午後	十和村に移動
夜	講義「四万十方式の話」
夜	お話「鯨とホエールウオッチング」
3日目	
午前	ホエールウオッチング 昼食は港で磯料理
午後	四万十トンボ館 フェアウエル
4日目	
午前	漂流物展を見学／ビーチコーミング
お昼前	土佐くろしお鉄道土佐入野駅で解散

そして、ついには太平洋に流れ込むのである。

太平洋の大海原に流れ込んだあとは海のなかで暮らすニタリクジラを眺めてみる。前夜に、鯨類の話やクジラの生態についてレクチャーを受け、翌朝から漁船に乗って出航。うまくいくとブリーチングと呼ばれるジャンプが見られるかもしれない。

海から陸に戻ると、太平洋の荒波が寄せる美しい砂浜（砂浜美術館）を歩きながら、浜にうちあげられた様々な漂流物を観察したり拾い集めたりする。ビーチコーミングと呼ばれ、参加者は、それぞれに楽しむ。

水になることで、人の暮らしと自然との関係を見つめていくというのがコンセプトである。

このプログラムの流れに加え、テーマに関連する施設やこの地ならではのモノやコトにふれるプログラムも組み込む。初日は、四万十川にかかる独特の橋「沈下橋」の袂にある民宿に宿泊し、その夜に四万十川での特徴的な鮎漁「火ぶり漁」を見学する。さらにホエール・ウォッチングから戻ると、水揚げされたばかりの新鮮な魚介を素材に漁港で漁師さんと一緒に磯料理を昼食とし、その日の夕方には「四万十トンボ自然館」を訪ね、幼虫のヤゴが育つ水環境についてもふれる、という内容だ。

何気ない砂浜も優秀なガイドが案内すれば感動の宝庫となる

コメント

遊び心が地域を輝かせる

コーディネーターの水野さんは都会育ちながら、鯨が好き、そして大方町が好き、ということでこの地に移り住んだ「こだわり派」の若者である。

まちづくりに必要といわれる「女性」「若者」「よそ者」という三つの要素を兼ね備えた人材である。

女性のしなやかな感性、都会育ちの若者の自然環境に対するこだわり、そしてよそ者であることの都会的センス、こうした要素がからみあって、ユニークで魅力的なプログラムが生まれたのである。

20年近くにわたって全国各地でさまざまなプログラムの企画に携わってきたが、数多あるプログラムのなかでも、この企画は秀逸で

ニタリクジラに歓声があがる。会えるかどうかお約束できないのが、こうした旅の宿命

ある。

そもそも、この砂浜美術館自身の考え方がユニークだ。同美術館のパンフレットやホームページには「わたしたちの町に美術館はありません。美しい砂浜が美術館です。ものの見方を変えると、いろんな発想がわいてくる」というコピーが記されている。

ものの見方、捉え方を変えることにより、何の変哲もない身近な素材が輝くような宝物になるという発想だ。ちなみに、この砂浜美術館の館長は沖合いに泳ぐニタリクジラ。同美術館のオープニングセレモニーでは、館長の挨拶として「クィーン、クィーン」という録音したクジラの声が流され、スタッフがそれを通訳したというから洒落っ気も満点だ。

もともとは、捕る対象だったクジラを見る対象に変えることで、見せる漁業を生みだし、鯨の棲むまちとして大方町（現・黒潮町）は広く知られるようになった。こうした「発想の転換」や「遊び心」がプログラムづくりに欠かせない要素である。

6

ケーススタディ④　琵琶湖プログラム

「秀吉が駆けた戦国の史蹟を訪ねて」「信長が夢見た安土城と近江商人の里」

滋賀県はもともと日帰り客がほとんどで観光客用の宿泊施設が少ないエリアといわれている。そんな滋賀県の各地で、2泊、3泊と連泊して地域を楽しむプログラムを企画運営しているのは琵琶湖講座実行委員会という、まちづくりグループから派生したボランティア組織である。

滋賀県内に3連泊し、しかもその来訪者の居住地は全国に広がっている、という事実は、県下の観光関連の人たちにいわせると驚異的なことだと聞いたことがある。

そもそも滋賀県には、京都のような目に見えるかたちの神社仏閣や歴史的遺構がたくさんあるわけではない。しかしながら日本の歴史上、戦国期には有名な戦さの舞台となり、武将たちのほとんどが、この地を中心に群雄割拠していたという土地柄である。

日帰りエリアと思われているこの地で、連泊を可能とするプログラムとはどのようなものなのであろうか。このような滋賀県の特殊性を背景に、ここでは二つのプログラムをご紹介する。

❖プログラム１「秀吉が駆けた戦国の史蹟を訪ねて」

1日目	
午後	講義「出世街道—秀吉と湖北の戦跡」 長浜城歴史博物館を見学し、周辺を散策 夕食懇親会
2日目	
午前	石田三成生誕地、姉川古戦場、浅井長政ゆかりの小谷城など散策 渡岸寺で十一面観音立像（国宝）鑑賞
午後	講義「儒学者・雨森芳州と司馬遼太郎が絶賛した雨森」、東アジア交流ハウス雨森芳州庵 羽衣伝説の余呉湖から賤ヶ谷古戦場など合戦の語り部 郷土料理の夕食
3日目	
午前	秀吉がつくった城下町・長浜を歩く

❖プログラム*1*のコンセプト

豊臣秀吉のまちとして栄えた長浜、浅井長政やお市の方でお馴染みの小谷城、そして石田三成や柴田勝家が戦国の世を駆け抜けた湖北のまちを歩きながら、戦国時代にタイムスリップしてもらおうというのがプログラムの意図。戦国期の歴史をメインテーマとしながらも、日本と韓国の善隣外交に尽力した江戸時代の儒学者・雨森芳州をむらづくりの核とする小さな美しい村・高月町雨森地区を訪ね、雨森芳州についてもふれることとした。

多くの伝説を秘めてきた琵琶湖のなかでも、水上勉や井上靖、司馬遼太郎らの文学によく登場する湖北を舞台に、歴史・自然・文化とともに歩んできた珠玉のまちを訪ねることで、歴史ロマンを感じてもらおうと考えたプログラムである。

❖プログラム２　「信長が夢見た安土城と近江商人の里」

1 日目

午後	講義「琵琶湖の湖城と安土城」
	お話「近江商人のこころ」
	近江商人屋敷「西川甚五郎本店」ほか
	夕食懇親会

2 日目

午前	講義「発掘からみる安土城と信長」
	安土城跡散策
午後	びんてまりの不思議にふれる

3 日目

午前	水郷めぐり
	ヴォーリズ記念館ほか近江八幡散策

昼食後、解散

❖プログラム２のコンセプト

天下統一をめざした織田信長は、その拠点として安土城を築いた。しかし明智光秀の謀反により、志半ばで本能寺で自《じ》刃《じん》。安土城もその完成から３年で焼失した。この安土城については わずかな資料しか残されていないが、「幻の天守」を求めて発掘が続けられてきた。近年、その研究の成果により全貌が明らかにされようとしている。安土城にまつわる歴史講義をもとに、信長の夢を追って琵琶湖を望む安土城を散策しながら、いにしえのロマンをたどる。

また豊臣秀次が整備した近江八幡は、安土城焼失の後、楽市楽座の商人たちが移住し、その後、優れた商人を輩出してきたことで知られるまちだ。創業から４３０年続く近江商家のひとつ西川産業の西川甚五郎本店（非公開）を特別に訪ね、西川家に伝わる家訓や経営についての伝承など近江商人の真髄にふれるお話を聞く。そして４００年前に優雅な宮中の舟遊びに似せて豊臣秀吉がはじめたといわれる水郷めぐり、紅葉の百済寺の散策、郷土料理（湖魚料理）、まち歩きなどを近江八幡を舞台に楽しむ趣向だ。

このプログラムの基本テーマとなる縦糸は「歴史ロマン」、そして横糸にはプログラムの拠点となり、歴史に支えられた情緒ある近江八幡のまちから素材を選びだして組み込んである。

コメント　想像力に訴えかける

かなり昔の話だが、滋賀県をドライブしていたときのことである。ふと目にとまった神社の前で車を止めた。何の変哲もない、どこにでもありそうな神社で、すぐ横の広場では老人たちがゲートボールに興じていた。そしてその裏には、どうも川があるようだ。少し歩いていくと、枯葉に埋もれ、水が流れているのかどうかもわからないような川と滝があった。さらに近づくと滝の前に古ぼけた木の標識が立っており、そこには「これは大蛇の滝とよぶ。……」と、この滝の由来が記されていた。

普通なら「どうしてこんな枯れた滝が大蛇の滝なんだ」と思うところだが、そのとき不思議と「へ〜っ、そうなんだ…」と読み進めるうちに引きこまれ、枯れ葉に埋まる滝を眺めていると、その滝にまさに大蛇が踊るようなイメージが浮かんできたのには自分でも驚きだった。古ぼけた標識の解説を読んだだけで、枯れた滝がなんと大蛇の舞う滝になってしまったのである。

枯れた滝を大蛇の滝にしたのはイメージの力だった。人は誰でも想像する力を持っている。その想像する力を引き出すことにより、現存しないものをあたかも目の前にあるように感じさせることができるのも非日常空間に移動する旅の力である。

名もない小さなまちでも、その美しい景観が感動をよぶ

滋賀県下の名もない小さな滝の前で、こうした経験をしたことは、今振り返ってみても偶然というにはあまりにも偶然すぎる話だが、じつは滋賀県とはそういう土地柄なのかもしれない。

「兵どもが夢のあと」のとおり、まさに夢を見るがごとく、イメージが沸き立つような物語を用意することにより、現存しないものを、あたかもそこに実際にあるかのように感じてもらうことができるのである。特に歴史深い土地柄は、この「想像力」に訴えかけ、イメージをかきたてることに知恵を絞ることが大切である。このプログラムには、歴史を語らせれば右にでる者がいないといわれるほど素晴らしい講師の存在を抜きには考えられない。巧妙な仕掛けとともに、秀逸な語りができるヒトが不可欠なのは忘れてはならない要素である。

暮らしを守るため来訪者には、必ず地元ガイドがついてまちを歩く針江地区（高島市）

もうひとつ琵琶湖プログラムの特徴は、コーディネーターの林田久充さんを中心に、まちづくりを考える市民が集まって組織したボランティア・グループが企画運営しているということ。草津市の行政マンである林田さんのキーワードは「まちづくり」。林田さんの企画するプログラムの底流には、「まちづくりに取り組む人たちとの出会いから、参加者自身が地域へ目を向けるきっかけになれば嬉しい」という意図が隠されている。

企画に際しては、滋賀県下に広がるネットワークを活かし、プログラム期間中は、行く先々のまちや村でまちづくりに取り組む仲間たちから協力を得ながらプログラムを進めていく。「ちょっと○○さん、そこ見せたって」「あっ、林田さん。ハイハイ」といった具合だ。コーディネーターが地元から人としての信頼を得ているがゆえに可能な一面があることも付記しておきたい。

7 ケーススタディ⑤　京都滞在型特別プログラム「京都百景」

京都では、歴史や文化、暮らしや町衆、日本庭園や聞香など、様々な切り口で数多くのプログラムを企画してきた。

京都ではじめて企画したプログラムは「衣・食・住・祭」の4テーマを探求するプログラムだった。着倒れとよばれる西陣の着物、おばんざいや有職《ゆうそく》料理の食文化、情緒あふれる町家の暮らし、そして祇園祭に象徴されるお祭りとそれを支える町衆について、地元の人の話を聞いたり、非公開といわれる場を訪ねたりしながら、プログラムが進められた。

京都は、社寺をはじめとするハード施設、そして歴史や文化などのソフトという両方において、他のどのまちとも比較にならないほど素材が豊かなまちといえる。それだけにテーマ設定には頭を悩ませる。

何を素材にしたらいいのかわからないほど、資源に乏しい地方からするとうらやましい限りである。

本項のケーススタディでは、過去の京都プログラムのなかから最も期間の長い4週間の滞在型プログラムについてご紹介したい。このプログラムは他のどのプログラムともコンセプトが異なるもので、その考え方の背景から説明したい。

❖プログラムのコンセプト

発想の原点

筆者は学生時代、京都に下宿していた。社会人になってからも頻繁に京都を訪ね、学生時代には足を踏み入れることもなかった場所に出入りしたりして、京都の新たな魅力にふれるようになっていった。そして、あるとき、学生時代にお世話になっていた「銭湯」や「学生食堂」「下宿」などが、どんどんなくなっていくのに気づいた。同志社大学が田辺に、そして立命館大学が草津に移転する動きもあり、市内の下宿学生が減っていたのかもしれない（本当の原因は知らないが…）。

寂しい思いを感じる一方、大学のまち・京都の特性を活かせば、若者（教育学の言葉で「伝統的学生（18～22歳）」）以外の、たとえば主婦やリカレント教育の学生や、リタイアしたシニア層（教育学の言葉で「非伝統的学生（22歳以上）」）を「学生」という立場で、短期、中期、長期とさまざまなコンテンツを揃えて受け入れることが可能になるのではないかと思った。

「観光客」ではなく「学生」として京都に滞在する人の数が増えれば、地元への経済波及効果もかなり期待できるとも考えたのである。

この構想を企画書にまとめ、京都市の観光部長Hさんに説明したのが90年代半ばの話。Hさんはこの企画の趣旨に賛同し、同市の関係職員を集めてプレゼンをさせてくれた。しかし反応は「そらええ話でんな。頑張ってください」で終わり…。仕方なく著者は、京都で活動する古くからの知人である玉川雄司さんが理事長を務めるNPOとともにプログラムづくりに取り組んだ。

秋に開催することを想定し、春の時点でこのプログラムのコンセプトを、グローバルキャンパスの会員に告知して参加希望者を募ることにした。すると主に首都圏から10人ほど（平均年齢は60歳代後半）が問い合わせをくださり、それらの人たちに集まっていただいてプログラムの詳細を一緒につくっていく作業に入った。事前に用意したたたき台をもとに、「学習テーマは？」「講師は？」「行きたい場所は？」「体験したいことは？」「スケジュールは？」と、ひとつひとつ議論して決めていった。ここでのやり取りは参考になるかもしれないので、少しふれておきたい。

参加希望者たちの声

期間については4週間と決めていた。そして、期間中に滞在する宿であるが、ホテルをはじめ、ウィークリーマンション、宿坊、宿坊ではないが門徒（信徒）さんたちが滞在する宿、そして学生マンションも候補にあげて情報収集を行なった。京都市内で学生マンションを取り扱う業者さんにお願いしてオーナーさんと交渉してもらい、4週間の単位で貸してもらえるところを探した。そして、その学生マンションの周辺や部屋の様子をビデオに撮影し、その映像も見てもらった。

結果的にウィークリーマンションの利用を希望する人がほとんどだった。学生マンションでは寝具のほか炊事道具をレンタルする必要があり、隣近所が若い学生ばかりであることにも違和感があったようだ。

プログラムについては、通常の学生同様、月曜から金曜まで、午前2コマ、午後1コマと、しっかり授業を組み込んだ叩き台を最初につくって見てもらった。すると「もっと授業数を減らしてほしい」という意見がほとんどだった。「本物の学生ですか？」と冗談にもならない話だった。せっかく滞在するのだから、自分の好みに合わせて、自由に、しかもじっくりあちこちを見て回る時間がほしい、というのである。

さらに学ぶテーマや体験する内容も、当初の予想とかなりかけ離れていた。驚いたのが「大学の先生の話は面白くない」という意見だった。それには、ほとんどの人が同意した。大学の先生の話より、職人さんや、この道何十年というプロ中のプロに触れてみたいというのである。

もちろん成人対象に面白く有益な話をされる先生はたくさんいらっしゃる。これまで大学の先生から楽しい話を聞いた経験をお持ちでなかったのか、このときお集まりいただいた方々のイメージはそうではなかったようだ。つまり、経営学の先生の話よりは経営者の話を、建築学の先生の話よりは宮大工さんの話をというのが希望だ。

その理由を著者なりに分析すると、まず一般的に聞いて面白い話は「概論」ではなく「ディーテール」のなかにあるということ。つまり、より具体的な事象を取り上げ、そのなかから普遍的な何

土産物屋でない地元の人が行くお店での買物

かを掴み取りたいと願っているようにも感じた。一流の人物の永年の経験をふまえた体験談や、その経験から導かれた哲学や考え方などにふれることを期待していて、講義というよりインタビューに近いイメージと感じた。

確かに、こうしたプログラムに参加する人は講師に質問することが多い。そして熱心に質問するから講師も力が入って、より話が面白く展開するという好循環を生む。

ちなみに、講師の魅力をひきだすか否かもコーディネーターの腕次第だ。講師に質問する人がいなかったら、参加者にかわってさりげなく質問を投げかけ、興味深く楽しい話が展開するよう気配りすることも求められる。

歴史や文化に詳しい専門家にガイド役を頼んで散策を楽しむことも希望として出された。そこで、東山、修学院、嵯峨野という人気の高い3ヶ所を歩くプログラムを組み入れた。

さらに京都に滞在していることから、近隣の奈良、大阪、神戸への日帰りプログラムまで組み入れた。これらは京阪神在住

プログラム「京都百景」

第*1*週

開校式とオリエンテーション
講義1＆見学「町家の風景」
☆東山を歩く
週末にインタビュー

第*2*週

講義2「京の町衆文化　祇園祭の裏方たち」
奈良散策（終日）
講義3「京言葉と京文化」

第*3*週

講義4＆見学「京野菜と京料理」
大阪散策（終日）
講義5「京都人の京自慢」
☆修学院を歩く

第*4*週

神戸散策（終日）
☆嵯峨野を歩く
終了式＆報告会

の会員から募ったボランティアが案内して回ることにして、会員相互の交流を図ろうと考えたのである。

自由時間には個別テーマ学習を

こうして、参加希望者の要望を取り入れてつくったプログラムが上記のものである。ご覧のとおり、講義は各週1～2コマ程度で、あとは、社寺をめぐりながらまち歩きを楽しむ3コースほどが入った程度のスカスカのプログラムとなった。

そのほか、各自で個別にテーマを設けてもらうようにお願いした。「自己決定学習方式」といって、自らテーマを設定し、そのテーマについて自分なりの方法で探求を行い、最終的には報告会を開いてみんなの前で発表するということにした。

また、ホスト役を務めるＮＰＯの事務所をサポートセンターとして位置づけ、定期的に時間を設けて、それぞれの方から困ったことやサポートしてほしいことなどについてインタビューする時間も設けた。

コメント

長期滞在型の旅のヒント

長期滞在の宿

この京都滞在型プログラムは、その後、継続的に開催してきたが、初めてプログラムをつくったときと比べて、滞在型の宿が、より見つけやすくなってきている。その理由のひとつは、借地・借家制度の見直しである。「良質な賃貸住宅等の供給の促進に関する特別措置法」が99年12月に公布され、この法律によって「借地借家法」が改正され、00年3月1日から、正当事由制度の適用される普通借家契約のほかに、定期借家契約が新しい類型として加わった。この定期借家契約では、契約で定めた期間の満了により、更新されることなく確定的に借家契約が終了する。したがって、家主と借家人の双方で再契約の合意ができなければ、借家人は、引き続きその建物を賃借することはできなくなるという法律だ。この法改正により、宿泊業約款にもとづく宿泊ではなく、定期借家契約による賃貸家屋で滞在を可能とする施設が供給されやすくなったというわけである。

このプログラムは4週間という長いプログラムであったため、このような宿の問題がクローズアップされたのだが、長期滞在のプログラムをつくる場合、宿というハード面での課題と同様、ソフト面でのサポートセンターの設置も見逃せない要素である。自宅でない場所に長く暮らす場合、普段は必要ないが、いざという時の心の拠り所となる信頼のおける「お助けマン」は不可欠の存在である。

一般的な観光とは異質な旅づくり

さて、ここでは自己決定学習方式による個別テーマの探求がどのように進んだのかを記しておきたい。

テーマはさすがに多岐にわたったが、記憶に残るものとして「仏像を彫る」「狂言を深める」「京都の俳句を調べる」といったものがあった。事務局では、これらテーマの探求が進めやすいように可能な限りのサポート体制を整えた。

なんらかのテーマを探求しようとすれば、情報収集が不可欠となる。正確で良質な情報をもとに、どのような方法で探求を進めていけばよいのか考えることが可能となる。そこで情報収集のため京都市歴史資料館に協力を求めた。ここでは「こんなテーマについて学びたい」と相談すると、それに関連する情報を探しだすのに協力してもらえたのである。

仏像をつくりたいという方には、期間中に指導してくださる仏師の先生を探し出して指導をお願いした。その結果、この方は4週間の間、仏師の工房に不定期ながらも通いながら、自らのイメージのままに仏様を彫り上げることができた。

また、俳句をテーマとした方は、京都に残された句碑を探して句碑めぐりをすることを計画した。ところが北白川の金福寺などに俳句が少しみられたものの、当時の調査では、和歌の文化のまち・

京都には、なかなか句碑は見つからなかった。仕方がないので京都を離れて句碑を訪ね歩いたりもして、報告会のときは京都滞在中につくられた句を、いくつかご披露いただいた。

狂言をテーマとした方は、すでに先生について狂言を学んでおられる方で、壬生狂言を鑑賞に行ったり先生を独自ルートで見つけてきて稽古する場に参加させてもらったりした。最終日の報告会では、ご主人とともに狂言を披露していただき、参加者一同から賞賛の拍手を浴びることとなった。

こうして見てくると、このプログラムが通常の他のプログラムと大きく異なることが理解できるだろう。さらに、一般的な京都観光とはまったく異質のものであることも明らかである。

観光事業というカテゴリーにおいて、案外、視点が薄い（またはほとんどない）と思われる「人の人生にかかわろうという姿勢」が底流に流れているところがポイントである。

滞在型のプログラムでは、流れ作業のように左から右に日々流れていく人や物事を扱うのではなく、目の前にいる、生身の人、そしてその人の人生の大切な一部分を共有し、サポートしようという姿勢こそ、不可欠であることがこのケースをとおしてご理解いただけることと思う。

※大学と生涯学習に関しては次の拙著を参照
共著『広がる学び開かれる大学』ミネルヴァ書房、98年
共著『ポスト生涯学習時代における大学の戦略』ナカニシヤ出版、99年

8

ケーススタディ⑥　長崎・五島プログラム

「祈りの島・五島列島の教会群をめぐる」

ある航空会社の機内誌を読んでいたら、子どもからおじいちゃんおばあちゃんまで、そのほとんどがクリスチャンという村が紹介されていた。「そんな村が日本にあるのか。ぜひ行ってみたい」というのが最初のきっかけだった。著者の頭にはインガルス一家が登場する『大草原の小さな家』のまちのイメージが浮かんでいた。

そして、たまたま総務省の過疎対策に関連する委員会の会合で「現地調査で福江市に行っていただける方は…」との問いかけがあり、著者は迷うことなく手をあげた。

五島のまちは、ローラ・インガルスが暮らしたまちとは似ても似つかぬまちだった。しかし、この地ならではの、すばらしいものがいっぱいあった。美味しい食べ物、暖かい地元の人たち、大瀬崎灯台からの夕陽、そして何といっても明治期の建築家・鉄川与助氏が建てた、驚くほど多様な数多くの教会群が残されていたのである。

このときは思い切って、5泊6日という国内の旅ではあまり見かけない長期間のプログラムとした。結果的に現地費用だけでおよそ16万円もする高額のプログラムになった。

❖プログラムのコンセプト

長崎の沖合いおよそ１００キロ、東シナ海に浮かぶ小さな美しい島からなる五島列島は「祈りの島」ともよばれ、50を超える教会が教会群として存在している。このプログラムでは、長崎におけるキリスト教やカクレキリシタンの歴史をテーマに据えつつも、建造物としての教会建築の価値や、文化的側面からも掘り下げてみることにした。

教会は、歴史、宗教、建築と、いろいろな切り口から資源と考えられる

五島灘に沈む雄大な夕陽を望む地に「人間がこんなに哀しいのに主よ海があまりに碧いのです」と刻まれた碑がある。遠藤周作の小説『沈黙』にちなんだこの碑とともに、遠藤周作文学館がおかれる外海《そとめ》町《ちょう》を訪ねるところから、このプログラムは、はじまる。文学館やド・ロ神父記念館、出津《しつ》教会を訪ねるほか、長崎キリスト教研究の第一人者である宮崎賢太郎さん（長崎純心大学教授）の講義をとおして、この地に対する理解を深めていく。

❈プログラム「祈りの島・五島列島の教会群をめぐる」

1 **日目**	
午後	出津文化村（出津教会、ド・ロ神父記念館）
	遠藤周作文学館を訪ねる
	講義「長崎のキリスト教」
	夕食懇親会
2 **日目**	
午前	講義＆スライド「長崎・五島の教会群」
	高速船で上五島へ
午後	上五島の教会群をめぐる
3 **日目**	
午前	奈留・久賀島の教会とキリシタン洞窟を訪ねるクルーズ
午後	福江で観光歴史資料館へ
	講義「五島の歴史と文化」
夜	小さな教会の小さなコンサート
4 **日目**	
午前	福江の教会で日曜礼拝に参列
午後	福江の教会めぐりとステンドグラスづくり、井持浦教会ルルド、大瀬崎灯台・断崖からの夕陽
5 **日目**	
早朝	魚市場見学
午前	自由時間
午後	ジェットフォイルで長崎へ
夜	コンサート「モーツァルトの戴冠式ミサ曲」
6 **日目**	
午前	お別れティーパーティ
	解散

五島の教会群のなかでもいくつかの代表的な教会の建築を手がけたのが鉄川与助氏。日本の教会堂建築を完成に導いたといわれる鉄川氏は、信者たちの熱心な信仰と外国人宣教師たちの指導に支えられ、五島に数多くの教会を建て「棟梁建築家」ともよばれた。西洋建築の技術を取り入れ九州各地に教会や学校などすばらしい作品をつくり続け、ド・ロ神父遺作の大浦教会司教館は神父と鉄川与助氏の共同設計によるものだ。

与助氏のお孫さんで氏の志を継いで建築の仕事に携わる鉄川進さんから長崎・五島の教会群についての話を聞き、上五島の教会を一緒に回っていただくことにした。

身を潜めるように暮らしたカクレキリシタンの里の多くは、奥深い谷や海からしか行けないような海辺沿いにある。そして若松島の無人の岬には、その入り口に十字架とキリスト像がたてられている洞窟がある。島のキリシタンたちは、危険が迫ると食料を持ち寄ってこの洞窟に身を潜めていた。

ある日、沖を通る漁船が洞窟から立ち昇る煙をみつけて代官に報告。キリシタンたちは捕らえられ、それ以来この洞窟はキリシタン洞窟とよばれるようになった。

シスターの話を聞き、オルガンにあわせて賛美歌を歌った

海からしか見られないこのキリシタン洞窟をチャーター船のクルーズで訪ねながら下五島へ。福江島では、小さな教会のミニコンサートに参加したり、日曜礼拝に参列させてもらった。プライベートビーチのような小さな砂浜では地元主婦たちの手づくり料理や、ステンドグラスづくりが楽しめるようにした。

そして福江で解散せずに長崎に戻ったのはコンサートに参加するためであった。

コメント 複数ある学説を扱うときの考え方

このプログラムをつくるにあたっては、かなりの資料や文献を読みこんだ。読めば読むほど、知れば知るほど、不十分な知識でプログラムをつくることが不安になっていった。カクレキリシタンの信仰が、じつはキリスト教とは異なる宗教だったことすら知らなかったほど、浅薄な知識からプログラムづくりはスタートしたのであった。

やはりプログラムをつくる際には正しい知識が必要だ。もし、あるテーマに関して複数の学説があるときは、その複数ある学説を理解した上で、自分はどの立場をとろうとしているのか、もしくは複数の学説を同時に紹介して比較検討しようとしているのかなど、自らのスタンスを事前に明らかにしておく必要がある。そして、そうした理解のうえで、講師やガイドを選ぶことが大切なのである。

なお、この長崎・五島プログラムは、キリスト教的な色彩が強いものであったが、たとえ宗教をテーマに扱う場合でも、その宗教に関係のない人にも違和感なく受け入れてもらうことができるアプローチの方法を工夫する必要がある。

遠藤周作の『沈黙』を課題図書として指定したこのプログラムを、遠藤周作文学館のある外海からスタートさせたのは、カクレキリシタンたちの多くがこの地から五島に渡っていったからであった。

また日程を決めた要因は5日目の夜に行なわれるコンサートであった。このコンサートをプログラムの最後の夜に組み込むよう日程を設定したのである。

長崎からスタートし、五島に渡って教会群をめぐりながらカクレキリシタンの歴史をたどり、ふたたび長崎にもどってくる。そして海外の若者たちや地元長崎の市民とともに平和を祈り、レクイエムを合唱するコンサートこそ、このプログラムの締めくくりにふさわしいと考えたからである。

9 プログラム企画のポイント

プログラムづくりの最重要ポイントは、3章で述べたように「誰のために、何をするのか」という意図を明確にするということである。いい方を変えると、企画者はつねに「この顧客には何を伝えたいのか」という目的意識を持って取り組むことが大切だということである。

第2章で産業観光の話にふれたが、同じリソースを活用するにしても、対象顧客によってプログラムを顧客別につくりかえることが大切なのである。

工場見学を例にとれば、対象顧客が小学校低学年であり、企画サイドが「ここでは組立工程について見学を通して知ってもらいたい」というのであれば、ガラス越しに作業現場でその工程を見学するだけで、何の問題もないのかもしれない。わかりやすい説明と作業場が見やすい快適な環境があれば、きっとその目的は達成されるであろう。

また、対象が知的好奇心旺盛な大人のグループであり、企画サイドが「創設者の思いを知ってもらいたい」とか「ここで働く人たちの思いを感じ取ってほしい」という目的を持っていた場合は、その目的が達成されるようにプログラムをつくり込むことが必要になってくるのである。

さらに、企業経営者や生産管理の方法を学びに来る国内外の専門家に対しては、それこそかなり綿密に計画されたプログラムが必要となってくるのはいうまでもない。

どんな場所で、どのタイミングで、何を、どう見せたり、どう説明したり、どう体験させるのか、ということを対象顧客とプログラムの目的に沿って意図的に構成・演出することがプログラムづくりのポイントである。これは見方を変えれば、アミューズメントパークの人気アトラクションの演出と共通する点があるかも知れない。

どこでドキドキさせるのか、どの程度ドキドキさせるのか、どこで開放感をどの程度与えるのか、ストレスやリラクゼーションの要素を上手に織りまぜてこそ、顧客に感動を与え、満足してもらうことができるのだ。

地域のなかでつくっていこうとするプログラムも同様である。緩急を織りまぜ、ときに顧客と地元の人たちをはじめ顧客同士の心の交流を深めるような仕掛けをほどこしたり、お互いに協力してひとつの体験を共有することにより、達成感や一体感を醸成する流れをつくったり、といった創意工夫が求められる。

そして巨大なアトラクションの装置ですら、小さな子ども向け、中高生以上向け、そして大人向けと、対象顧客によってテーマや構成が異なっていることを考えると、ハード（装置）を必要としないソフト（プログラム）の運用は、顧客にあわせて、よりきめ細かな対応が可能となるはずなのである。

本章のまとめ　エデュテイメントの旅

❖エンタテインメント性を高めるソフトづくり

旅においてエンタテイメントの要素は、はずせない。魅力的なまちにおいても同様だ。誰もが知っているとおり、東京は国内で最大規模の観光地であり、銀座や表参道を歩きながらショッピングを楽しむ旅人が絶えないのは、まさに東京の商業エリアが強力なエンタテインメント性を持っているからである。

同様に地域においても、来訪者を増やそうとするなら、その地域特有のエンタテイメント性を高める必要がある。大都市には真似のできない、それでいてあまりハードにお金をかけず、ソフトを重視したエンタテイメントの要素を含んだ地域づくりと旅づくりを考えていくためのヒントが、本章で紹介したプログラムである。

これらのプログラムは、すべて既存のハードを有効に活かすソフトであり、それらソフトづくりに工夫を凝らすことでハードの魅力が増し、来訪者を増やすことに繋がっていくのである。ソフトを工夫することによって既存の地域が生きてくるのである。

ホテルのディナーショーを例にハードとソフトの関係について考えてみたい。あるホテルのレストランで美味しいディナーが食べられるとする。そのディナーに歌を組み込んだショーというソフトをつけることで、ディナーショーになる。ショーを付加することで顧客単価が倍以上になることもある。カタチのないもの（ソフト）に対して、こうしたエンタテインメント性が高く魅力的なソフトを付加することにより、顧客を集めることができる典型的な例である。

同様に宿泊施設を例に考えてみると、単に1泊2食で宿泊するというだけでなく、そこに「体験メニュー」や「地元の人の話を聞く」など、顧客が自分一人では経験できない魅力的なソフトをつけることで、その宿ならではの特殊性を付加させ、顧客単価をあげる新たな道を拓くこともできるのである。

❖エデュテイメントの旅

本章で紹介してきたプログラムは、すべて知的好奇心旺盛な50歳以上の方を対象としたグローバルキャンパスのものである。

グローバルキャンパスのプログラムは、あくまで生涯学習を目的としており、その底流には、参加者自身の人生をより豊かなものにしてほしいという思いや願いが流れている。生涯学習というと堅苦しく感じるかもしれないが、一般的な教室でのお勉強とは、ひと味もふた味も異なる楽しいものになるよう工夫して組み立てられている。

「エデュケーション（教育）」と「エンタテインメント（娯楽）」を組みあわせた「エデュテイメント」とよばれる概念があるが、グローバルキャンパスのプログラムは、まさにそのエデュテインメント・プログラムである。

地域づくりとオルタナティブな旅を考えていく上で、このエデュテイメントの概念は切っても切れない関係にある。「地域を知ってもらいたい」しかも正しく深く知ってもらいたい」という気持ちがいくら深くても、押しつけがましいアプローチでは顧客はついてきてくれない。地域にある魅力的な素材に深くふれることによって楽しくなり、地元の人をとおしてより地域を知ることでその地に対する愛着が湧く、という流れをつくるためにも、「知的娯楽」と感じてもらえるアプローチが大切となってくるのだ。

＊

本章ではグローバルキャンパスのプログラムとそのプログラムづくりの考え方について紹介した。ここでは、こうしたプログラムをつくればうまく集客できるというハウツー論ではなく、ハードに依存しないソフト主導ともいえるプログラムづくりと、その基本的な考え方についてご理解いただきたかったのである。

ソフトならコストがほとんどかからず、しかも工夫次第で無限に生み出すことができる。プログラムづくりをとおして地域の資源を活かす方法が何通りも見えてくるのではないだろうか。

第5章
地域資源の活かし方

前章では滞在型のプログラムづくりについて具体的なケースをもとに解説を加えながら述べてきた。本章では、それら具体例から導き出される普遍的な考え方を整理した上で、地域資源を掘り起こすための基本的な考え方とともに、それらを観光資源として活用する可能性について解説していきたい。

1　地域特性とともに資源の持つ価値を考える

❖地域資源の「価値」について考える

地域の特長を見い出し、それらを集客交流サービスに活用するには、地域に存在するあらゆるものの源（原因）を探り出し、「なぜ？⇩なぜなら○○○…」という問いかけと回答を繰り返し続けることが必要不可欠である。

「なぜその地域に価値があるのか？」、また「誰に対してどのような価値があるのか？」を明らかにすること。それは集客交流サービスにとどまらず、まちづくりの原点でもある。そして、まずもって地元の人たちがその価値を理解し、その価値を大切にしていることが重要であり、次にその価値をわかりやすいカタチで来訪者に伝えていくという手順が必要なのである。

これはわかっているようで、実践するのはなかなか難しい。

衰退する旧来型温泉地の典型で、湯布院や黒川といった温泉地に、かつての地位を奪われた別府温泉。その再生に取り組んできたまちづくりグループのひとつにＮＰＯ法人ハットウ・オンパクがある。

07年度、このハットウ・オンパクは、地域再生への取り組みが評価され「ＪＴＢ交流文化賞」を受賞した。まちづくりや地域再生の成功事例といえばオンパクといわれるくらい、今ではその認知度は全国区である。

じつは、オンパクが始まる4年前までは、この活動の中心人物である鶴田浩一郎さんですら「別府温泉の持つ特殊性やその凄さについてよく知らなかった」と告白している。そんな鶴田さんたちが第一にはじめたことが、地元のよさを地元の人が理解する、という取り組みだった。

やはり地域再生の取り組みのはじめの一歩も、地元のことを良く知ることだったのである。

「地元を知る」⇩「価値を見出す」⇩「価値を伝える」という一連の作業を進めるにあたって、まず確認しておくべきことは、集客交流サービスで活用する「地域資源」を評価する際の「価値」という概念についてである。

この「価値」というのはやっかいなもので「すべての人に同等の価値がある」ものから「特定の人や、ある一部の人にだけ価値がある」ものまで様々である。

例えば北アルプスの山々は、山登りをする人たちにとっては「登る価値のある山々」であり、写真を撮ることが好きな人には「撮影する価値のある山々」であり、自然景観を楽しむ人には「眺める価値のある山々」であり、スキー愛好家にとっては「滑る価値のある山々」となる。同じ地域資源であっても、そのときどきで、またその価値を受け取る人によって異なるということが重要なポイントである。

そして「資源を活かす」ことを考える地域の側の人たちは、その価値に対する感覚をより鋭敏に研ぎ澄まし、さらにその感覚を、裏づけのある論理で支えることが不可欠となる。

そして、その裏づけとなる論理が確立すれば、「なぜ?」という問いかけに対する合理的な回答を用意することにつながるのである。

❖トンネルを宇宙にかえる発想法

ここでまず、地域資源を活用して集客交流サービスを行なう際の、地域資源とその活かし方の具体的なケースを紹介しよう。

「宮沢賢治と銀河鉄道」をテーマに、秋田県でプログラムを企画しようとしたときの話である。

企画運営母体は、劇団わらび座を出発点として発展し、今では劇場のほかに温泉施設も整える「たざわこ芸術村」だ。秋田県で宮沢賢治と聞くと違和感を感じるかもしれないが、じつは宮沢賢治をテーマとしたのは、わらび座で「銀河鉄道の夜」の舞台が上演されるからだった。

芸術村スタッフで、プログラム・コーディネーターの大和田しずえさんは、秋田内陸縦貫鉄道(以下、縦貫鉄道)を使って、なんとか楽しいプログラムができないかと考えた。そして縦貫鉄道のスタッフと相談して考えついたのが、縦貫鉄道のトンネルを銀河鉄道にしてしまうというアイデアだった。

まずトンネルの壁に夜空の星のごとく数多くの豆電球（ＬＥＤ）をとりつける。来訪者を乗せた列車内では銀河鉄道の話に花が咲く。車両がトンネルに差し掛かったら列車はそのスピードを少し落としはじめ、トンネルに入ると車内の照明を一斉に落とす。驚いた乗客がふと窓の外を眺めると、なんと一面に星空（豆電球）が光り輝いて広がっている、という演出である。

凄い発想だ。しかしながらこの企画、鉄道の運行上いろいろなハードルがあることがわかり、アイデアだけで実現には至らなかった。

集客交流サービスを考える際、そのコンセプトが明確なときは、地域に存在するあらゆる資源がアイデアの素材となり、可能性の追及ができるという好例である。

ちなみに秋田内陸縦貫鉄道は、北秋田市の鷹巣駅から仙北市の角館駅まで秋田県を縦断して結ぶ路線で、第三セクターで運営されている。１９２２（大正11）年に建設計画が決定してから半世紀をへて、地域住民の思いが叶い、89年に計画全線が開通した。しかし年々、乗降客数が減り存続も危ぶまれているだけに、いつかは、こうしたアイデアが実現して集客に結びつくことを願いたい。

❖生活文化こそ価値ある資源

また地域にある資源やその価値を評価するには、地元の人だけでは難しい面もあるという例を紹介したい。

あるとき福島県の山深い地域の商工会議所に招かれプログラムづくりを依頼されたことがあった。地元の人が、一番に案内してくださったのが、さらに山道を奥に進んだところにある地元特産の織物の工芸博物館だった。まず驚いたのがその地域には、似つかわしくないほど大きくて立派な建物だった。そして館内には資料展示や体験施設も整備されている。牧歌的な里山の田園風景のなかにそびえるように建つ建物に入ると、まさに異空間だ。

この地にこんな凄い建物があることに驚くとともに、地元が誇る織物体験を素材として首都圏から人を呼び込む方法を考えることの困難さを実感した。同行者のひとりに「駄目ですか?」と聞かれ、「いや、まぁ…」と黙るしかなかった。

その夜、宿泊旅館の若手社長とその同級生数名と酒を酌み交わしながら色々な話を聞いた。もちろんこの地域の特性を聞き出し、プログラムのコンセプトをつくりこみたかったからである。ひとしきり観光資源についての話をして話題も尽き、ついに雑談となった。

いろいろ聞いていると、同級生といっても住んでいるまちが違うようで、それぞれのまちの風習も少しずつ違いがあるようだった。「うちのまちでは今も講事があるよ」というと「うちのまちではもうやってない」と複数がいった。このとき、彼ら自身の間でも昔ながらの伝統や風習がなくなろうとしているのがはじめてわかったという。

そして地元の若者の話になったとき「このまちにもリーゼントの若者はいるのですか?」と聞い

てみた。

「もちろんいます。でも、そんな髪型の若者でも、○○のお婆ちゃんが『アージャリ、コージャリ』と祈りだしたら、近くにいる若者みんながダッシュで集まってきて、お婆ちゃんの後ろに正座して一緒に拝むんです」という。とても面白いと思った。

恐る恐る「何かの宗教ですか？」と聞くと、このあたりでは昔から普通に行われている営みだという。講事についても、またその宗教らしきお祈りも、他の地に暮らす人からすると、まったく未知の世界だが、彼らにとっては、まさに日常なのである。

爆音を轟かせて改造車を走らせるリーゼントの若者が、そのお婆さんの後ろに正座して祈りを捧げている姿は、私のなかではこの地で、もっとも見てみたい光景のひとつだと感じた。

こうした生活文化こそ、その地ならではの資源であり、他の地域にはないことから集客サービスに活用しうる資源として、高い価値があると考えることができる。

昔ながらの風習を守るかどうかは、もちろん地元に暮らす人たちの選択すべきことであるが、こうした地域の生活文化を見直し、まちづくりに活かして、それを集客交流サービスに結びつけていくというプロセスこそ大切である。実際、このケースのように地域が有する資源の「価値」は、地元の人からはなかなか見えない部分もあり、外の目で見た意見を聴くことも必要なのである。

2 「自然」という資源の活用法

❖地域にある自然の特性を明らかにする

「自然環境」は、都市部にはない地域資源のもっとも重要な要素のひとつである。では、どういうふうに自然を捉え、どのように活用していくことが可能なのだろうか。

これまでの観光のスタイルは、まず「観る・見る」であった。例えばバスガイドさんが「右手に見えますのが○○です」と説明し、来訪者に見ていただいて感動を与える。つまり、そこにすでにあるものをストレートに「見せる」という行為が観光における主要なスタイルであった。

ところが実際には、ある特定エリアに存在する少数の限られた自然という資源を考えた場合、幅広い視点から眺め、その素材の掘り下げ方によっては異なる側面が見出せるようになるものである。つまり、「見せ方（視点）」によって「見え方」が変わってくるのが自然である。

資源として使えるか使えないかという評価を行なう前に「この地の特性は何か」「この自然の素晴らしさ」「他にない良さはどこにあるのか」ということを、多角的に、またより深く考えていくことが必要になるのである。

❖月山と宮島を引き立てる月の力

たとえば第4章で紹介したとおり、月山プログラムの企画にあたっては「2月の真冬の満月の日にプログラムの日程を定める」というのがひとつの自然活用法であった。満ち欠けのある月の「満月」を資源として活用し、来訪者に雪原の美しさを楽しんでもらおうという、特定の自然環境を活用する例である。

続いて、世界文化遺産に登録される宮島で行われる「管絃祭」を例に考えてみよう。

管絃祭は、厳島神社の御神体の海上渡御《かいじょうとぎょ》を目的としたお祭りで、かつては、海上の安全と豊漁を祈願するため、大漁旗など飾りを施した船が瀬戸内の各地からたくさん集まり、宮島湾は大小の船で埋め尽くされたという。

この管絃祭は、今も旧暦6月17日に執り行われるが、この時期に行なわれるのは決して自然環境と無縁ではない。ある資料によると、管絃演奏用の船は大きく大潮の時でなければ社殿に接岸できない。大潮で一番潮が高い季節は旧暦7、8月であるが、この季節は台風が多いことから6月とした。さらに17日は満月に近い月が昇るという理由による、と記されている。

平安時代の貴族たちが船を浮かべて管絃の遊びをしたように、平清盛が都の暮らしを夢見てつくったといわれる厳島神社が最高に美しい姿を見せてくれるのは、おそらくこの時期なのである。

宮島で自然環境を資源として考える際、潮の満ち干や月の満ち欠けこそ、世界文化遺産の厳島神社を最高に引き立ててくれる資源として活用すべき素材といえるのである。

❖景観の美しさを引き出す太陽の力

一昨年、日本海に面する京都府の小さなまち・伊根を訪ねた。伊根といえば、舟屋の町並みで知られる港町で、その舟屋の並ぶ町並みは重要伝統的建造物群保存地区に選ばれている。日本海沿いにもかかわらず、内海の南に面した海岸沿いにまちが広がっている。高台から眺めると、まるで瀬戸内海のような美しい島々の景観が広がる。この景観を楽しもうと考えたとき、東から太陽の光が当たる午前中と、西陽が海を輝かせる夕方では、その美しさに違いが生まれてくる。

プロのカメラマンやカメラを趣味とされる方にとっては常識かもしれないが、太陽光という資源も活用の仕方次第で景観の価値を大きく左右するのである。

琵琶湖畔（滋賀県）でも同じことがいえる。琵琶湖側から西に比叡山を臨むとき、山が美しく輝くのは午前中である。湖の東から西を眺めると太陽の日が差し込む先に雄大な琵琶湖が広がり、そのむこうにそびえる比叡山が見える。しかし午後になって日が傾いてしまうと山が輝かなくなる。

「どこから」「どういう角度で」「どの時間帯に見せるのか」といった工夫を凝らすだけで、同じ自然でもずいぶん印象が変わってくるものである。

3 自然はまさに「一期一会」の資源

❖おにぎりの味を最高に引き出す自然の力

北海道でアウトドア系のプログラムを企画したときのことである。現地コーディネーターが「どうしてもキャンプがしたい」と主張したことがあった。

お決まりのごとく私は「なぜキャンプなのですか」と聞いた。すると「この季節は、明け方になると地面から霧のように水蒸気が湧きだしてきて、その朝もやのむこうに羊蹄山《ようていざん》が見えるのです。この地で一番、素晴らしいと思うのがその景色であり、この地の本当の美しさや、その素晴らしさは、キャンプをしなければ絶対に実感できないのです」と彼は答えた。

理由がはっきりしていた。私は即座に「わかりました。キャンプをしましょう」と決定した。ただし、テントで寝るのが厳しいという人にも対応できるよう、別の寝所としてコテージもあわせて用意することにした。

こうした特殊なケースでは、募集の際に「なぜキャンプなのか?」をわかりやすく説明しなくてはならない。見せたい、体験してほしい自然の価値とともに、その価値を享受するためのプログラムをつくる側の意図を事前に来訪者に伝えることが不可欠となる。

「かつてこれほど贅沢な食事はなかった」と絶賛された朝食があった。それは朝早く山に登り、美しい緑に囲まれた森のなかで食べたおにぎりだった。美味しいお米のおにぎりと暖かい味噌汁は、決して高価なものではない。それでも、食する場所やタイミング、環境によってその食事の価値は大きく変化するものである。様々な理由により難しい面もあるようだが、朝早く軽登山をして景色の良い場所で火を起して簡単な食事ができたなら、質素ながら贅沢を感じてもらえる、低コストの優れたプログラムとなるであろう。

❖自然が輝くか否かはプログラムの意図次第

近年、自然を体験するツアーはかなり増えてきている。しかし、ひと言で自然体験といっても内容は様々だ。子ども向けの環境教育ツアーや農業・漁業体験をはじめ、大人向けのエコツアー、秘境を訪ねるものから、高度なアウトドアまで、多種多様なものが生まれてきている。しかし、一見同じように見えるツアーでも、よくよく見ていくと、その対象も内容も色々あることがわかってくる。あるツアーでは大都会にあるのと同様な高級ホテルに宿泊し、ガラス越しに雄大な自然を見せ、至れり尽くせりの添乗員さん同行のもと、快適なバスで移動して、都会で普段食べるもの以上の豪華な食事が提供される。

同じ地域を訪ねる別のツアーでは、現地での訪問先は同じなのだが、行なうことがどうも違うようだ。前述の高級ツアーではバス移動だったコースが徒歩移動となっており、よく読むと、どうもじゃぶじゃぶと川の中を歩いたりもするようだ。ツアー企画者の「自然を体験するには五感でどうぞ」という意図が見えてくる。

「蟻がいた！」と顧客が叫び、宿の不備としてお叱りを受けるツアーもあれば「自然を体験するために来たのだから蟻が這い出してきたって当然」と顧客に納得させるツアーもある。

これらの例のとおり、自然の良さを実感してもらうには、どう伝えるかという「伝え方」が鍵となる。３６５日、日々自然は異なる顔をみせてくれる。大げさと思われるかもしれないが、自然との出会いはまさに「一期一会」である。自然のどの側面をどういった来訪者にどのように見せていくか、意図を持って取り組むことが大切となるのである。

4 歴史的な人工建造物等の活用方法

❖ちょっとした知識で価値を増す建造物

前節でふれた伊根町は、05年に伝統的建造物群保存地区に指定された舟屋の町並みで知られる。舟屋には、船が入る海のガレージのようなつくりの一階があり、二階に居住空間がつくられている。

こうした人工建造物は、何ら説明を受けることなく、ただ眺めているだけでは「ふうん」というひと言で通り過ぎてしまいがちである。人間の五感に、それこそストレートに訴えかける力を持つ自然とは違い、人工物の魅力をわかってもらうためには、ときにかなりの工夫が必要となってくる。「これはこういう時代に、こういう風につくられました」「この建物は、釘一本使っていないのですよ」と、先人の知恵が詰まった工法や、伝統の技法や、高い技術について解説が添えられることで、はじめて「へえ〜」から「ほぉ〜」と関心が深まり、そして「どっひゃー！」という驚きにまで高まっていくのである。

建造物は人間の英知と文化の集積である。そういったものの「価値」を、上手にわかりやすく来訪者に伝えていくことで、はじめて来訪者は、その建造物を観に来た自分の旅の価値そのものを実感し、「この建造物を観に来てよかった」と旅の満足感が高まるのである。

実際に「世界遺産」と呼ばれるものの多くは、この手の説明を要するものが多い。それらは、建造物群として存在しているだけでなく、そこに暮らす人びとの生活様式や価値観などが複合的に価値を生み出しているケースが多いからだ。そして、そうした暮らしの価値のすべてが家などの人工建造物に集約されているのである。

家などの建物をはじめ、近年、注目されつつある近代化遺産は、これまではあまり観光の素材としては扱われてこなかった。しかし、情報化が進展し、知識が豊富で一家言あるといった来訪者が増えることが予測されるこれからの時代、人工建造物も、集客交流サービスの資源として有効に活用することが可能となるであろう。

❖説明だけでなく演出の工夫を

ただ、ここで注意すべきことは、何でもかんでも解説すればそれで魅力が伝わるのか、来訪者の満足度が高まるのかというと、必ずしもそうでもないという点である。

近年、全国的に地元の歴史や文化を語る「ボランティアガイドの育成」が盛んに行なわれてきている。筆者自身も、各地でこうしたボランティアガイド氏の案内を受けてきたが、その地にある価値を伝えるため、それなりの演出を工夫しているガイド氏と、そうでないガイド氏とでは印象がまったく異なるのである。詳しくは第6章の人材のところでふれるが、この「演出の工夫」がないと、いくらガイドが案内しても無味乾燥な印象を与えてしまったり、そもそも建造物そのものの持つ価値が、相手の心の奥まで届かないケースが少なくないのである。

こうした価値を伝えるための演出は、工夫次第でいくらでも考え出すことが可能である。

例えば、来訪者自身の人生や暮らしと関連づける情報を用意して適切なタイミングで提供することもひとつの方法である。近代の建造物であれば、その建造物がつくられた年代の音楽や流行、社会現象などといった社会背景もあわせて情報提供を行なう。視覚や聴覚に訴える方法は有効で、当時の新聞や雑誌などを活用するのも一案だ。「あなたご自身は、この時何をしていましたか?」と問う。それは来訪者自身の歴史であり、「同じ時代に、ここではこのようなことが行われていたんですね」と話がつながる。

基本的に人は、自分に関係していることについては関心が深くなる傾向がある。来訪者個人と何かを関係づけることによって興味を格段に深めることが可能になる。そして、プログラムを通して、色々なモノや自分を見つめ直し、自分自身を振り返るチャンスともなるのである。

このような「演出」を行うことにより、自分と関係の無かったことが、自分と関係のあることとして位置付けられていくのである。

5 人工建造物等が残っていない場合の歴史の活用方法

❖ 歴史はあっても遺跡がない場合

数ある旅のなかでも、歴史をテーマにした旅は人気が高いといわれている。確かにアクティブ・

シニアを対象とするグローバルキャンパスのプログラムのなかでも歴史人気は根強いものがある。

大河ドラマの舞台となった地に多くの観光客が押し寄せるのはご承知の通りだが、その地を訪れる観光客は、物語の登場人物ゆかりの場所や由来あるモノ、物語の舞台となった建造物（復元したものも含む）といった史蹟を訪ね、歴史ロマンに思いを馳せるのである。

遥か昔の武将や女性たちの生き様や、歴史が動いた現場に立ち、いにしえに思いを馳せることで旅の醍醐味を味わうのだ。

こうした「歴史」を資源として集客交流を考える場合、まず一番に史跡など歴史的な建造物があるかどうかが問われる。そして、そうした目に見えるものが失われてしまっている場合は、学術的な調査に基づき、建造物を復元するというケースも少なくない。その復元した建造物を博物館にして資料を展示したり、博物館のなかにレプリカを設置するというやり方が一般的のようだ。

しかし、歴史はあっても史跡や建造物がなく、さらに困ったことに、お金もないという場合はどうしたらよいのであろうか。

そのひとつの解決方法は、人が持つ「想像力の力を借りる」ことである。

第4章6節の「コメント」で紹介した大蛇の滝の例のとおり、朽ち果てた標識ひとつで、お世辞にも美しいとはいえない小さな滝が、大蛇の滝に生まれ変わってしまうのである。

これはまさに人間の持つ「想像力」の成せる業だ。歴史ロマンという言葉があるが、こうした想像力に訴えかけ、その力をひきだしてやれば、ハード施設が充実していなくても歴史を資源として活用することが十分可能になってくる。

❖兵どもが夢のあと

実際、歴史的に重要な位置を占めながらも、有名観光地といわれる遺跡と比較するとハード面において大いに見劣りする地も少なくない。

海外でいえば、ベトナムにあるミーソン遺跡は世界遺産に登録されているが、もし事前になんの説明もなく、この遺跡を訪ねたら「いったいここは何なのだろう？」と感じる人もいるだろう。その歴史的背景を知らない人から「どうしてあんな場所に連れて行かれたのか」というクレームが出ることがあるかもしれない。

2世紀末から17世紀にかけ、ベトナム中部から南部にかけて栄えたチャンパ王朝。その王朝の建造物群のなかでも、もっとも隆盛を誇っていた時期のものであり、その歴史的価値は高い。しかしながらベトナム戦争でかなりの遺跡が破壊され、今は草木が生い茂るなかに、いくつかの廃墟が残されているといった有様だ。日本のある財団が資金を出して発掘と修復に取り組んでいると聞いたことがあるが、世界遺産であっても、見た目のハード面では人を惹きつけがたい遺跡である。

また日本国内では戦国の武将・織田信長のつくらせた「安土城」も同様のことがいえるかもしれ

ない。

1568（永禄11）年、近江に進攻した信長は、1576（天正4）年、京から1日半の距離にある安土山に築城を始めた。約3年の年月を要して安土城は完成したが、1582（天正10）年6月2日、信長が本能寺に倒れると、安土城は織田軍と明智軍との戦いにより炎上した。

近年、復元された原寸大の安土城の5階と6階部分が「信長の館」という博物館に置かれている。しかしながら、参考とする資料の違いによって幾つもの安土城の姿が提示されており、文献史学や建築学的見地からは、今も論議がなされている。つまり、安土城は『信長公記』の記述からその概要は窺い知れるが、当時の安土城の姿を正確に今に伝えるものはないのである。

これらの例のように、歴史を資源と捉える場合、必ずしもハード（史跡など）が整っていなくとも、事前にきちんとした解説を行なうことで「そうか、ここにはこういう歴史があって、かつては…」と来訪者にそのイメージが湧いてきて、その地の「価値」が伝わることになるのである。

❖観光地でないまちの魅力を伝える方法

日本の歴史のなかでも、激動といえる戦国期の歴史の舞台となった現在の滋賀県で、「歴史」を資源としてプログラムをつくり続けている林田久充コーディネーターのコメントを紹介したい。

「観光・観風の旅づくり」

琵琶湖講座コーディネーター　林田久充

滋賀県の課題はこれらの魅力をじっくり聞かないとわからないことである。そして、そういう話を、楽しく愛着を持って語る人との出会いは重要な旅のポイントである。さらに、そのまちの「風土」や「味」を感じたり、その地域の人の暮らしが垣間見えることが重要だと考えている。

地元の人たちの生き方やこだわりが来訪者の共感を呼ぶということに気づいたのは、この十年間での大きな収穫である。幸い、県内の多くの公務員や地域づくりのリーダーたちとの長い交流があり、そのネットワークを活かして、その地域の魅力を引き出すプログラムづくりをする。

プログラムでは、まず参加者に歴史的な背景と今日までの調査内容などを伝えてから現地に入ることにしている。現地に入ると、この地のロマンが少しずつ見えてくる。そしていつしか信長や秀吉が、まるですぐ隣にいるように感じるのが、自分でも不思議である。幻の安土城や子ども歌舞伎の謎めいた歴史の息吹や町衆の心意気までもが想像できる。

―　中略　―

私たちはグローバルキャンパスの講座を通じて、琵琶湖や滋賀をひと回りして、観光地でない滋賀の魅力を全国の皆さんと共に掘り起こしたいと考えている。

観光の語源は「観光・観風」というらしい。その国の光とともに風土を見てこそ、と捉えるべきか。私たちのプログラムは、この「観風」にこだわっている。地域の人たちの愛着や元気な姿があってこそ、その地を魅力と感じていただくことが可能だと確信している。ぜひ、この機会に普段あまり訪れることのない滋賀の地域を訪れていただき、まちづくりに熱心な滋賀県の今の姿から見えてくる魅力を堪能いただければ幸いである。

滋賀県の観光のひとつの特徴は、観光客のほとんどが日帰りだということだ。しかしながら、こうした考え方をベースにプログラムを企画編成することにより、この地に連泊してでも戦国の歴史を堪能したいという来訪者を、生み出すことができるのである。

6 「人」にみる地域資源

❖都会にない地方のホスピタリティ

誰しも、旅先では人情にふれたい、あたたかな心のふれあいがあれば嬉しい、と感じるものである。見知らぬ土地を旅したとき、その土地の人びとに「自分が受け入れてもらえた」と感じられることは、来訪者の満足度、いいかえればその旅の質を大きく向上させるのである。

「よう来てくださった」と笑顔で迎え入れられるのと、「あなたはいったい誰なの？」といった扱いを受けるのとでは、その土地に対する印象は天と地ほどの開きがある。

地域全体で来訪者に対して「遠いところから、よくここまで来てくれたなぁ」と歓待する雰囲気、まさにホスピタリティがあれば、顧客はそのまちをとても快適に感じるものである。これは人間関係の本質であり、顧客サービスの基本でもある。

昔話のふるさとといわれる岩手県遠野市は、「遠野物語と昔話」をベースに一貫してまちづくりを進めてきた。このまちを訪ねると、観光業に携わっていない農家の方々でも、道行く来訪者に笑顔を向けてくれる。また来訪者が、昔ながらの曲がり屋や農家、水路、畑などを眺めていると、ときに親切に語りかけてくれたりすることもある。

「来訪者に対して農家の方々が気後れすることなく、また気さくに話しかけたりするようになるには10年以上の歳月が必要でした」と語るのは、グローバルキャンパスのコーディネーターでもあり遠野市交流推進室(当時)に務める行政マンの石田久男さんだ。もともと観光地でなかった遠野が「遠野物語と昔話」をコンセプトに、永年にわたってまちの内外に発信しながらイメージづくりを続けてきた成果だという。観光事業者でもないまちの人が来訪者にそうした反応ができるようになるまでには、それなりの時間と努力が必要であり、まさにまちづくりそのものであるという一例だ。

❖集客・交流サービスの人づくりはまちづくり

かつて信州の上田で講座を開催し、プログラムが終わって2週間ほどしたときのことである。上田講座のコーディネーターが、ある朝、小学校の横を歩いていたら、その小学校の全校朝礼で、何やら自分が企画したプログラムに関連する話を校長先生が話している。耳を澄ませて話を聞いてみると、どうもプログラム参加者のひとりが校長先生宛に出した手紙を紹介しているようだった。

内容は「はじめて上田のまちに来てその魅力を堪能して楽しかった。でも実は、はじめてのまちなので集合場所がわからず迷子になっていた。そのとき地元の小学生が通りがかって、とても親切に道案内をしてくれた。名前がわからないので、感謝の気持ちを伝えたくて、地元小学校の校長先生に手紙が届けられた」という話だった。

たとえ子どもであっても、たとえ小さな親切であっても、地元の人と見知らぬ来訪者のあたたかな心のつながりが地域のファンを生み出していくきっかけとなる心温まるエピソードだ。

遠野のようなまちぐるみで来訪者を受け入れるという雰囲気づくりには、それなりの歳月を要するとしても、こうした心の交流を生みだす「人づくり」は、まさにまちづくりの基本となるものであろう。

❖リピーターは人につく

ひとりの人を起点に人と人とがつながっていく。それはあらゆる物事の基本となる。もし地域が「地域のファン（リピーター）をつくっていきたい」と思うのであれば、人と人との心のつながりがないと始まらない。

街中においても、たとえば、お酒が好きな人が行きつけのお店に行く場合、その店のマスターやママさん、おやじさんや女将さんに会いに行く、という要素は決して少なくない。「あの店は、あの女将さんで持っている」という話をよく耳にするが、そこにしかるべき人がいてお店のファンがいるのである。リピーターの心理は、そんなところにあるもので、特に滞在型で地域に人を呼び込もうと考える場合、地元に精通した親切な「お助けマン」の存在は不可欠といえるだろう。

7 地元の人を活かすのも、また人

❖地元の人が持つ経験や特性を活かす

前述の岩手県遠野市では、また別の角度から人を活かしたまちづくりを行なっている。

遠野では、地域のお年寄りたちを、昔ながらの遊びや暮らし、昔話の達人と位置づけ、来訪者にそれらを伝える役割を担ってもらっている。

地元の若い世代から「このお年寄りは、いつも何かいっているが、よくわからない」とネガティヴに思われていた古老たちを「守人《まぶりっと》」と名づけ、来訪者に遠野の伝統的な遊びを教えたり、昔話を語る「語り部」という役割を持ってもらうようにした。それによって、来訪者から好評を博し、また古老たち自身もその役割を楽しむようになったのである。

地元の人たちからすると何の変哲もない、価値があるとも思えなかった古老の昔話も、来訪者にとっては、普段はなかなか聞けない昔ながらの面白いお話ということになるのだ。

この例のように、地元の専門家、色々な技能や知識、経験を持っている人たちを、来訪者に対して、どのように位置づけ、どのようなカタチで演出すれば、来訪者にとって価値があるのか、今一度見直すことが重要である。

❖自分ひとりからでも始められる取り組み

自然や歴史、建造物などといった地域資源を活用して観光に活かそうと考えるのも「人」であり、マーケットを調査し、資源の価値を評価し、演出を考え、受け入れ態勢を整える、という集客交流サービスに必要な手続きも、地元にそうした役割が担える「人」がいなくては実現しない。よくまちづくりに求められる人材として「若者」「女性」「よそ者」「ばか者」といわれたりするが、集客交流サービスを展開していく上でも同様に「人」の存在がすべての鍵を握る。

自然環境や歴史や建造物など特筆すべき資源がないという地域においては、あまり難しいことを考えず、まず今年は自分の家族や親戚を○人、次の年は知り合いを○人、そしてその次の年は知り合いをまた○人…といった具合に、自分を起点にファンづくりを進めるのも一案である。

1年に3家庭で計10人の来訪者があり、その来訪者が3泊すると30泊・人。そして自分を含めて地域の仲間10人が同様のことをすると300泊・人の宿泊客を地域に招き入れることとなる。

「うちのまちには資源が何もない」と嘆く前に自分がいると考えてほしい。まずは自分ひとりからでも地域情報を発信して、集客交流に取り組むことができるのではないかと思うのである。

「夏休みに素敵な体験ができるから子どもさんたちとおいでよ」「釣りに連れて行ってあげる」「カブトムシを採りに行かない?」「家には部屋が余ってるし、使える空き家もあるから遊びに来ない?」と手紙を書くところからスタートできる。こうして、まるで親戚ともいえるような関係の仲間づくり（つまりファンを増やすこと）は、ひとりの「人」を出発点にできる取り組みである。

地域で受け入れる側が、入れ替わり立ち替わり訪れる観光客相手に商いをしている事業者であれば、来訪者も受け入れ側も相手の顔を覚えていることは稀であろう。しかし、こうしたひとり一人の心のこもった呼びかけからは「××村の○○さん」という氏素性が明らかな人と来訪者の間に、深い絆や信頼関係が生まれ、「次は○○さんの案内で、また違う季節にこのまちを訪れたい」といってくれる地域のファン（リピーター）が育っていくのである。

本章のまとめ　自分たちの地域の誇れるものは何かを徹底的に考えよ

❖均一化されたサービスとは異なる地域特性

これまで観光開発といえば、その多くが道路整備や施設の建設など地域における「開発」を主眼としていた。80年代後半に流行したリゾート開発は、いわば夢のような空間をつくりだし、顧客には日常を忘れて、ひとときの夢を見ていただく、というものであった。

こうした考えにもとづき、いわゆる観光化されたエリアでは、必然的に快適性を高めることが求められる。都市部からの観光客に、普段のライフスタイルと比較して違和感を感じさせない環境を提供することが最低限の条件となり、むしろそれ以上に快適な空間をつくることを試みてきた。大きな資本を投下して行われる観光化の典型的スタイルである。

ところがこうした都市住民のライフスタイルやニーズにあわせたサービスは、必然的に画一化される傾向にあり、目の前に広がる山の形状や海の色は異なるとしても、一歩ホテルに入れば自分はどこにいるのかわからなくなるほど、均一化された空間のなかにいることになる。つまりそこでは地域の生活文化や特殊性、つまりアイデンティティを色濃く感じ取ることができなくなるのである。

❖資源を活用しながらアイデンティティを磨く

本章では、地域に存在する資源を活用する考え方についてまとめてみた。

それは、ハード整備をメインとする開発手法とはひと味異なり、地域にある既存の資源の「価値」や「意味」を掘り下げ、「誰に対してどんな価値が提供できるのか」「誰に対してどんな意味があるのか」を精査することによって、ハード面の不足をも補える、もしくはハード整備の意味を消滅させることすらできる手法である。

そしてその前提となるのが地域のアイデンティティそのものである。

また、集客交流サービスを考えるにあたって、第一の基本となるのも地域のアイデンティティである。目に見えない歴史、建造物、自然、生活文化といった様々な素材（資源）をもとに「自分たちのまちは、いったいどういうまちなんだ」「誇れるものは何なんだ」ということを徹底的に考えぬき、その本質を見出し、それをマーケットにあわせて加工（編集）して提供するのである。そうすることによって、アイデンティティそのものがますます磨かれ、その過程をとおしてまちに対する誇りが育まれ、「この地ならでは」といえる地域独自のサービスが生まれてくるのである。

第6章
地域主導の旅づくりに求められる人材

地域主導のオルタナティブな旅を普及推進していくためには、地域のなかにどのような要素が必要なのであろうか。本章では、地域の資源を見出し、来訪者を受け入れるソフトをつくり、来訪者をもてなす「人」について考えてみたい。

1 まず第一に必要な人材は、コーディネーター

地域主導のオルタナティブな旅を推進するにあたっては、様々なレベルにおいて、さらに顧客によって多種多様な人材が地域のなかに必要となる。

「住んでよし、訪ねてよし」といった理想の地域づくりをめざし、地域資源を活用して商品化し、それらを販売していくことを担う人づくりを議論するにあたって、地域をひとつの経営体に見たてて考えてみたい。

理想を実現するために地域で必要とされる機能とその担当者について、ポリシー、プロジェクト、プログラムという3つの階層からなるフレームにあてはめて整理したのが表6・1である。

地域づくりの基本理念を担当するのは首長（または民間のリーダー）であり、その方針にそって地域戦略を立案し、官民の資金をもとにプロジェクトを動かし、地域そのもののプロモーションを担うのがプロデューサーである。さらに、プロジェクトのなかの個別の案件をひとつひとつ具体的に実行していくのがコーディネーターである。

もちろん地域づくりや地域経営は、企業経営とは諸条件が異なるため、必ずしもこのように明確に区分されるものではない。しかし、地域づくりと地域主導型の旅づくりのイメージを共有するた

●ポリシー
担当者：行政や民間のリーダー
機　能：基本理念と基本政策

●プロジェクト
担当者：地域プロデューサー
機　能：①地域戦略の立案、②プロジェクト・マネジメント、③地域プロモーション

●プログラム
担当者：コーディネーター
機　能：①プログラムの企画や運営、②対象別マーケティング

※担当スタッフ：コースリーダー、ガイド（プロ／ボランティア）、その他（プロ／ボランティア）、地域で旅程の企画から運営管理までを担う人材を「コーディネーター」、そして旅程管理者の役割を担う人材を「コースリーダー」と呼ぶ

表6･1　地域振興をはかる地域主導の旅を推進する人材

め、このフレームをもとに議論を進めていきたい。

地域において、明確なエリアコンセプト（統一されたポリシー）が打ち出せるのであれば地域づくりや地域主導の旅づくりは進めやすい。しかし、そういう地域内には優秀なリーダーシップとそれをフォローする住民が不可欠であり、現実的にはそのような地域ばかりではない。では、地域づくりの方針が明確でなかったり、住民のコンセンサスが得られていない状況において地域主導の旅づくりを推進していくことは可能であろうか。

この場合、旅づくりの鍵を握るのは、ポリシーやプロジェクトの階層ではなくプログラム階層のコーディネーターである。

したがって地域がどのような状況であっても優秀なコーディネーターさえいれば地域主導の旅づくりは可能となる。さらに、その地道な取り組みによって新たな現実が生み出され、それが地域づくりの核となるソフトとし

て活用されたり、エリアコンセプトづくりのベースになるケースも少なくない。

2 コーディネーターに求められるスキルとその機能

本節では、地域において、もっとも重要な役割を担うコーディネーターの機能とコーディネーターに求められる能力（スキル）について、解説していきたい。

❖旅人が求めるもの

これらの動きを旅人のサイドからみてみよう。現代の旅人にとって、空港や主要駅から添乗員さんの持つ旗に導かれ、現地へ連れられていく必然性は急激に減少している。旅なれた現代の旅人たちは、目的地の空港や駅、もしくは宿泊ホテルで現地集合となっても、さほど困らないであろう。しかし、現地まではたどり着いたものの、はじめてその地を訪ねる人は、やはり地元の案内役がほしいであろうし、リピーターはガイドブックに載っている施設をめぐるだけでは物足りない気持ちになる。それに第一、旅先は日々変化する自然の移ろいのなかにあり、雨が降ったり、花が咲い

		マスツーリズム型	地域主導型
人	旅程企画者	取扱主任者 （発地のエージェント）	着地のコーディネーター
	同行者	添乗員 （集合から解散まで）	着地のコーディネーターまたは コースリーダー
	ガイドなど	—	着地の専門ガイド ボランティア

表6・2　旅づくりに必要とされる地域の人材

たり、動物がいたり、いなかったり。1年に数回発行されるガイドブックでは伝えきれない、その日そのときの情報こそ旅人にとって必要なのである。

ガイドブックやインターネットという二次情報だけを頼りに旅するのでなく、現地に詳しい地元の人に「ようこそ、わがまちへ」と出迎えてもらい、ガイドブックに載ってない、その時々の生の情報や地域の魅力を教えてもらい、そのうえ現地を案内までしてもらえたなら、マスツーリズムでは得られない一期一会の新鮮な体験が可能となる。

さらに、コーディネーターをはじめとする地元の人から、通りすがりの観光客としてではなく、第2章でふれたように「遠くからきた知人・親戚」のようなもてなしを受けたとしたら、その地のファンになって何度も訪れてくれるリピーターに繋がっていくことも期待できるのである。

❖コーディネーターとは

どの地方に行っても人材育成といえば「ボランティアガイドの育成」という話を聞くが、次節で述べるようにボランティアにはいくつかの課題があり、さらにボランティア中心の観光ガイドを育成するだけでは、地域主導型の旅

（*1*）商品開発の（プログラムを企画する）能力
・歴史文化をはじめ地元に対する知識と見識
・地域資源を活用してプログラムを企画する能力
・地域の人的ネットワークを活用する能力
・危機管理の基礎知識

（*2*）プログラムの管理運営の能力
・コミュニケーション能力（1対1、1対多）
・リーダーシップと顧客を楽しませる能力
・グループダイナミクスを管理できる能力
・ボランティアをはじめ人のマネジメント能力
・緊急事態への対応能力

（*3*）基礎知識
・必要な法律についての基礎的な知識
・多種多様なマーケットについての基礎知識

表6·3　コーディネーターに求められる能力

を推進していくのに役者不足は否めない。

観光に携わる地域の人材の中でプロといえば、まずプロのガイドをイメージするが、いくらプロであるといっても、ガイドとコーディネーターではその担うべき役割がまったく異なる。アウトドアや自然観察のプロガイドの多くは、半日や1日の行程に責任を持ち、その行程内で顧客を満足させることが主たる業務である。しかしその専門性を離れたところでの、たとえば宿泊における生活まわりのサポートや、団体客のグループダイナミクスの管理、地域の人材をうまく使いこなすマネジメントといった能力は、ガイドが要求される能力の範疇を超えているといえる。

ここで述べるコーディネーターは、まさしくガイドを兼務し、もしくはガイドとも協働しながら顧客が満足する旅を企画し、運営できる人材である。

まず来訪者を、①個人、②家族連れや小グループ、③

団体（40人くらいまでの規模を想定）、という3つのカテゴリーに分けて考えてみたい。コーディネーターが旅の企画運営を行う際、この3種のカテゴリーのなかで、求められるスキルがもっとも高く、他のカテゴリーのマーケットに対しても汎用性があり、地域への利益還元も期待できるのが、③の団体を扱うケースである。そこで、ここでは団体を対象とするコーディネーターのスキルとその育成に焦点をあてて話を進めていきたい。

❖コーディネーターに求められる能力

コーディネーターの機能は、地域に存在するあらゆる資源を駆使して、さまざまな顧客に対し、それぞれのマーケットに適したプログラムを企画立案して、具体的な商品に仕立て上げることである。そして、自らコースリーダーとして顧客に同行することもあり、またコースリーダーを選んでプログラムの運営を任せることも可能である。

こうした役割を担うコーディネーターには、表6・3のような能力（スキル）が求められる。

商品開発の能力

まず、地域の資源を活用して売れる商品を生み出すためには、第4章で紹介したとおり、プログラムづくりの基本的な考え方を身につけ、マーケットに的確に対応したプログラムをつくる技術が必要となる。そのための必要条件は地域の歴史や文化をはじめとする豊富な知識を持っていること。

そして自らの得意分野の専門性を高める努力をしつつも、さまざまな顧客に向けた多種多様なプログラムをつくるため、地域のあらゆる分野の人たちと交流を持ち、いざというときに講師やガイドをはじめ、ケースバイケースで協力を得たり、参画を促すことができる人間関係を保っていることが必要となってくる。

また、自ら企画したプログラムにおいて想定されるリスクについても入念に予測しておくことが必要だ。危機管理においては事前の周到な準備が不可欠である。

プログラム管理運営の能力

こうして自ら企画したプログラムに集客をはかり、実際に運営することができてはじめてコーディネーターを務めることができる。

現代の顧客ニーズは多様化している。顧客層（マーケット）によって求めるもののレベルや、現地の人との距離感、一緒に参加する仲間たちとの人間関係のあり方など、かなりの違いが存在する。そうした異なるニーズや多様なマーケット特性を把握した上でプログラムを円滑に運営していくには、かなりの熟練を要する。経験が十分でない場合は、対人感受性や対人関係能力を日ごろから磨いておくことが求められる。

また、プログラムを進めていくなかで、ボランティアガイド（プロのガイドでも）が、思いに走りすぎて、そのときどきの顧客の状況が見えなくなることも少なくない。そうした際のコントロールやグループ全体の様子を適宜判断しながら雰囲気を盛り上げ、スムーズな流れをつくっていくこともコーディネーターの重要な役割である。

そして、いわずもがな客商売である以上、顧客対応（接客）技術は不可欠である。顧客がいいたいことを素直に伝えやすい雰囲気を持ち、それらを受け止め、的確な状況判断をもとに対処する能力が必要だ。かといって顧客に媚びへつらう必要はない。あくまで顧客とコーディネーターは対等な関係であるというスタンスを堅持しながら毅然とした態度で接することがポイントである。

コーディネーターにはガイド以上のスキルが求められる

コーディネーターはプログラムという船の舵取りを行う船長のようなものであり、危険な場合は顧客といえどもその指示に従ってもらうことが必要である。そういう視点から見ると、コーディネーターにとって緊急時における救急救命の資格は不可欠と考えるべきであろう。いつなんどき、どのような事故が発生するかわからない。たとえプログラム内容が不評であったとしても、無事にご自宅までお帰りいただいて当然なのが「旅」であり、緊急事態に対応する能力は不可欠である。

基礎知識

そして、顧客や社会の信頼を得るためにもコンプライアンス（法令順守）は必要条件である。旅に関連する法律について、また自らのプログラムを企画運営する際にかかわってくる法律についても理解しておく必要がある。

*

そして、こうしたスキルを超えた面においてコーディネーターに不可欠な資質がある。それは、「地域を愛している」という熱い心であり、「地域の人に信頼されている」という人柄である。地元に対する愛着がない人に地域のプログラムはつくれない。たとえプログラムをつくったとしても誰をも感動させることができない。さらに地元の信頼がないと、地元の人から協力を得ることができないため、地域最大のリソースである「人」を活用することができないのである。

以上、地域主導の旅を企画運営するコーディネーターの機能と、求められる能力について簡略に述べてきた。

コーディネーターとともに地域で必要とされるコースリーダーについては、表6・3の⑵の能力とともに必要最小限の法律の知識があれば、その役割を担うことが可能となる。本書では詳しい説明は割愛するが、おそらくご理解いただけるであろう。

3 地域主導の旅における サービスの質とホスピタリティ

❖ 一流ホテルにない地域独自のホスピタリティを

これまでの旅のスタイルの主流であったマスツーリズムでは「常に一定の品質で、必要なときに必要な量のサービスを提供できるよう管理する」という考え方が原点にあった。

実際、発地のエージェントは目的地にある旅館（ホテル）や観光施設や食事処などに対して様々なことを厳しく求めてきた。たとえば「料理は○○のようにしてください」「ここは危ないので手すりをつけてください」「こうしたケースでは顧客にこう対応してください」といった具体的で、極めて重要な指摘が数多くなされてきたのである。

一方、顧客を受け入れる地域の側においてもそれらの要求に応え、マーケットニーズに対応可能な質が維持できるよう、ハード設備やサービスの質を向上させる取り組みを重ねてきた。こうした双方の努力によって、観光地とよばれるエリアでは、全国どこに行っても一定の質が担保された食事やホテルや駐車場やトイレ、観光施設などが整っていったのである。これらはマスツーリズムの顧客を受け入れるためには、必要不可欠な要素であった。

では、本書の主題となっている地域主導の旅においては、こうした品質管理をどのように考えれば良いのであろうか。

「高品質（上質）のサービス」という言葉があるが、その代名詞ともいえる高級ホテルや一流レストランのサービスとは、質的に異なることは明らかである。少なくとも地域主導の旅では、その地ならではの「心のふれあいをベースにした心あたたまるおもてなし」がひとつの鍵であり、それは第3章で述べたとおり「観光化されていない」と顧客が感じられるものでなくてはならない。

❖観光型サービスと交流型サービス

観光化について第3章で述べた際、「お客さま扱い」と「遠くの知人（親戚）扱い」という表現を使ったが、本節では観光化されたサービスを「観光型サービス」と呼び、地域主導の旅のサービスを「交流型サービス」と呼ぶことにしよう。

観光型サービスでは、匿名性が高く顧客と距離のある態度を取る場合が多いが、交流型サービスでは「よく来たね。これ持っていきないよ」といった親切心から生まれる言葉と行為がベースにある。そして来訪者と地元の人は対等な関係として位置づけられ、お互いに相手を理解しようとする接し方が求められる。こう考えると「観光型サービス」と「交流型サービス」は、ある意味まったく異質のサービスと考えたほうが良いのかもしれない。

この「交流型サービス」の考え方は、地方の自治体や地方都市が集客交流サービスを考える上で非常に重要と思われる。なぜなら、それら地域では、IターンやUターンをはじめ二地点居住（マルチハビテーション）者や移住者を増やすことをめざしているところが多く、こうした受け入れは「お客さまを増やそう」ではなく「仲間を増やそう」という考え方に立脚しているからだ。したがって、それら地域では、交流型サービスの考えをベースにした仲間の増やし方と来訪者との接し方が求められる。

ちなみに交流型サービスに直接かかわる地域の人は、サービスに対して金銭的な対価を受け取るプロである必要は必ずしもない。むしろプロというよりボランティアのスタンスで接するからこそ「遠くからきた知人（親戚）」のような接し方ができるのかもしれない。

4 ボランティア・サービスの質的管理の必要性

近年、地域においては観光ボランティアの育成が盛んに行なわれてきた。また、発地で企画されるツアーにおいても、現地ガイド役としてボランティアの存在は注目を集めている。さらに、前節で述べてきたように交流型サービスを考える際には、ボランティアは欠くことのできない存在である。

そこで本節では、地域主導の旅にかかわるボランティアについて考えていきたい。

❖ボランティアが抱える課題とは

じつは観光ツアーに携わるボランティアは、今は表面化していないが大きな課題を内包している。実際グローバルキャンパスのプログラムを企画運営する各地のコーディネーターたちは、口を揃えて「ボランティアには課題がある」と指摘する。そこでまず、観光に携わるボランティアの抱える課題について、事例を交えながら考えていきたい。

ある美術館での出来事

玄関の受付の前に「○時からボランティアガイドが館内をご案内します」と看板が出されている。その時刻を迎えると「折角だからガイドさんの話を聞きながら…」と好奇心旺盛な若者からシニア世代まで幅広い男女あわせて40人ほどが集まってきた。

そこにボランティアガイド氏が登場。

「私がボランティアガイドの○○です。○○美術館の誇る作品についてご案内しますので宜しくお願いします」と丁寧に挨拶をすると拍手が沸き起こり、ガイド氏は意気揚々とみなを引き連れて館内の案内をはじめた。

最初のうちは、誰もがガイド氏の話に熱心に耳を傾け、大きく頷く人や、メモをとる人もいる。ガイド氏は、みなの反応を確かめながら、順路に沿って時にユーモアもまじえて作者のプロフィールや作品の背景など詳しい説明をしながらグループを引き連れて館内を進んでいく。スタートして10分ほどたったころ、あたりを見回すと3分の1ほどの人がグループを離れ自由に館内見学をしているようだった。そして時間が経つにつれ、さらにその半分くらいがグループからいなくなった。一人減り二人減りする様子がわかるガイド氏は、今まで以上に熱のこもった大きな声で、人びとの興味を引こうと額に汗をかきながら案内を続けた。しかしこの流れを止めることはできない。そしてついにガイド氏の周りには3人だけが残ることとなった。

ついに残される（?）こととなった3人は、お互いの顔を見合わせて「あなたは、どこにも行かないでね」と困った表情で目配せする。ガイド氏の解説を聞くというより「自分が最後の一人になりたくない」という空気が支配するとともに、ガイド氏に対する配慮がありありと見て取れる。そして、最後までガイド氏と同行した3人は、疲れ果てた表情でお互いの顔を見合わせ、苦笑いをするのであった。

本来、案内する側のガイド氏がボランティアだったにもかかわらず、反対に顧客の側の残された3人がガイド氏にお付き合いをするというボランティアになってしまったという笑うに笑えない話である。

❖ボランティアの質的評価はプロの役目

ボランティアのサービスが顧客ニーズに合致しているようで、じつは微妙にずれが生じているケースは決して少なくない。

この美術館のケースにおいては、ガイド氏が解説をしているとき、ひとりまた一人と、そのグループを去っていったのが問題なのではない。途中で興味がなくなった人も最初は自らの意思でガイド氏の解説を聞いていたのであり、さらに引き続き興味のある人はグループにとどまってガイド氏の話を聞いていたのである。

問題は、少人数になったとき、残りの数名に自分の解説を「最後まで聞かせよう」と頑張ってしまったことにある。ここでガイド氏は、自らの役割を貫こうと強く意識した（自らの満足度を高めようとした）ことにより、顧客満足という重要な視点を見失ってしまったのである。

サービスの質を保つためにボランティアをマネジメントしようとするなら、顧客が最後までガイド氏の話を聞いて満足するようエンタテインメント性を高めるなど、ボランティア氏とともに様々な工夫や練習を繰り返す努力が必要であることはいうまでもない。しかし同時に、顧客がボランティア氏に遠慮してしまい、自由意志で楽しめない状況におかれていることを察知する能力も不可欠なのである。

もしくは、ボランティア氏にそうしたことまで求めるのが難しいといった場合は、状況を背後で観察しながら、ボランティア氏や顧客に対して適切な情報と意思決定のチャンスを与えるなどの対応ができるプロを配置して、良質なサービスを提供するということがもとめられる。

この節の冒頭で紹介した「ボランティアには課題がある」と指摘する、全国のコーディネーター諸兄は、地域のボランティアの情熱や、熱い思いを大切にしながらも、顧客満足の視点から常に厳しい評価をくだしている。

熱意のあまり、それが顧客にとって押し付けになっていないか、数多くいる地域のボランティアのなかで誰のガイドがもっとも顧客満足が高いのか、またそれはなぜなのか、と常に品質管理の視点をベースにボランティアとの協働関係を築いている。そして、時にボランティア氏のよいところを引き出し、またまずい面を側面からサポートして所期の目的を達成するよう協働する。こうした対応ができるのは、ボランティアではなくプロと呼べる人たちであり、こうしたプロがいてはじめてボランティアも活きてくるのである。

❖「ボランティア」と「顧客」と「施設」

図6・1は、ボランティア・コーディネーターの全国的な研修会において、博物館・美術館のボランティア・コーディネーターが集まる分科会で配布された資料にあった図である。

ボランティアのニーズ、施設のニーズ、顧客のニーズという三つの円が描かれており、この図からも明らかなように、ボランティアのニーズと顧客のニーズには、合致する部分とともに相容れない部分があることがわかる。

この資料が配布された分科会で、出席されていた博物館・美術館のボランティア・コーディネーターの方々に「ボランティアの品質管理を行なっておられる施設はありますか?」と質問した。

この質問に対して「品質管理を行なっている」と手をあげたのは、たったひとつの施設だけであった。どうもわが国においては「ボランティア」と「品質管理」というのはお互いに馴染みづらい概念のようである。

❖米国流ボランティア・コーディネーション

ちなみにボランティア先進国ともいえる米国では、どうなのであろうか。

数年前、ある調査でユナイテッド・ウエイ(United Way)という大規模な非営利組織を訪ね、ボランティア・コーディネーションを担当するスタッフにインタビューしたことがある。

「ボランティアのマネジメントにおいて、もっとも重要なものはなんですか？」と質問したとき、返ってきたのはなんと「ジョブ・ディスクリプション（Job description：職務記述書）」という言葉であった。

そして、ボランティアの募集からインタビュー、マッチング、オリエンテーションやトレーニングと、いくつかの段階をへてはじめて現場に入ってボランティアとしての任務を遂行することができるようになるという話だった。

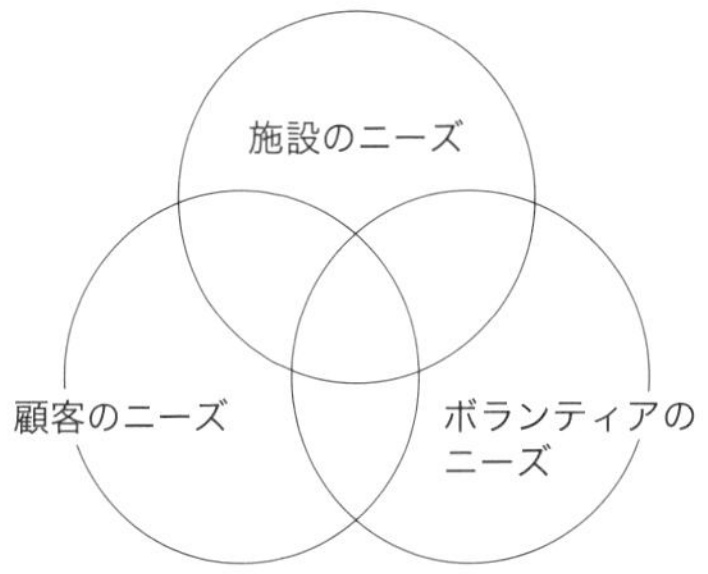

図6・1　博物館・美術館における三者のニーズ

ボランティアを有機的に機能させるためには、こうしたプロのコーディネーターが不可欠であるという事例である。

第3章で「誰のために何をするのか」という視点が大切であることを指摘したが、じつはこのボランティア活動に従事する人びとに対しても「誰のために何をしているのか」という問いかけは不可欠である。そうした視点からボランティアの育成を担うことができる「プロの育成」も、観光ボランティアの育成と同時に必要であることを指摘しておきたい。

5 不可欠な安全管理能力

❖グリーンツーリズムにみるボランティアの課題

次はグリーンツーリズムと呼ばれる、農村をベースとした活動のなかから、ボランティアの課題について引き続き考えてみたい。

ボランティア行為の強制による歪み

近年、都市部に暮らす子どもたちが自然豊かな地方の農村に滞在して、さまざまな体験を行う活動が活発になってきている。こうした活動では、農家がお宅を開放（農家民宿・農家ホームステイ）して都市の子どもたちを宿泊させることも少なくない。

都市部の子どもたちを受け入れる農家の側からすると、年に1回程度ならそれなりに楽しみながら、心からもてなすことができるかもしれない。しかし、もしこれが過度な募集により、次から次へと受け入れ要請が続いたとしたら、「仕事でないのに勘弁してほしい」という心情になってしまうのは想像に難くない。そして、そうなったときには農家民泊の最大のよさでもあるホスピタリティの質に大きな変化が生じてくる。

質の変化が生まれるのは、「うちは年1回で精いっぱい」「わが家は年3回が限界」と人によってさまざまであろうが、程度の差はあるにせよ明らかなのは、これまで観光化されていないがゆえに存在した、相互に喜びを分かち合えるあたたかな心のつながりが、「過度のボランティア行為の強制」によって失われ、「義務感」をともなう、悪い意味での観光化されたサービスになってしまうという点にある。

このケースからもわかるとおり、民泊を受け入れる農家の人びとの心情を察知し、その状況を正確に把握しながら、受け入れサイドの質の管理を行なうプロが地域に必要であることが了解されるだろう。

❖ボランティアが負うべき責任とリスク管理

もうひとつ、とても重要な話をしておきたい。ある地域で交流牧場を主催する人たちが集まった会合で話をしたことがある。そのときのテーマは「交流牧場のリスク管理」であった。

善意による活動の盲点

「あなたが守るべきものには、どんなもの（人）がありますか?」「それに対して、どのようなリスク（危険）が予測されますか?」というような質問からはじまり、責任と義務という項目では、民事責任と刑事責任について説明を行い、保険の種類や考え方、「リスク管理のためのチェックリスト」といった順に話を進めていった。

責任のなかには「道義的責任」と「法的責任」があり、法的責任のなかに「民事責任」と「刑事責任」がある。たとえボランティア活動であっても、危険に対する安全配慮義務、注意義務に違反したと認められる場合は、民事責任、刑事責任ともに生じる可能性がある。刑事責任のなかで、もっとも重い過失致死罪では「50万円以下の罰金」が科されることとなる…。

このような話をしていたら、どうも出席者の様子がおかしい。いや、おかしいというより「そんな話は聞きたくない」という空気が漂ってきた。

質疑応答の時間になって口を開いた人たちは、その多くが「自分たちはあくまで善意で子どもたちのために牧場体験をさせてあげているだけである。そんな重い責任を負ってやっている気はない」、そして「そんな責任まで追及されるならやめたほうがよい」という意見まで聞かれた。

しかしながら、これは現実である。ボランティアといえども人の命を預かる限りは、ビジネス同様の責任と義務が発生することを理解しなくてはならない。善意による活動「ボランティア」の盲

<事前準備>
□安全配慮義務、注意義務が求められるポイントの整理
□危険と思われる場所（もの）についての確認と危険性の高いものの排除
□注意事項や禁止事項を定め、書類を作成
□保険契約の確認
□いざという時のための病院や救急医療機関との連携強化
□顧客の健康状態の事前確認
□救急救命法を習得する
□スタッフを使う場合、責任の明確化
（宣約書が必要と思われる場合はその準備）

<オリエンテーション>
□安全管理上、必要不可欠な情報（注意事項や禁止事項）を伝達し資料も配布
※自己責任であるという自覚を促すことにポイントをおく
□事前情報と実際の顧客の再確認

<プログラム期間中>
□注意事項や禁止事項について繰り返し伝達
※「安全に楽しむためのコツ」というニュアンスで伝える雰囲気づくり
□問題があると判断されるケースは、実施や参加を見合わせる勇気を持つ

<事故が発生した場合>
□誰がどう対応するのか？
※連絡先や対応の手順を明確にしておく

表6·4　安全管理のチェックリスト

点である。

現場での危機管理対策とあわせて、常日頃から「どういった事故が多いのか（ケーススタディ）」「事故が発生した場合どう対処すればよいのか」といった過去の事例を研究することも大切である。

安全管理について、表6・4に簡易なチェックリストを掲載するので参考にしていただきたい。

本章のまとめ　プロもボランティアも必要

地域主導のオルタナティブな旅を普及発展させるために、地域に必要な人材とそのスキルについて考えると、ノウハウを持った専門性の高いプロが必要であることが明らかになってくる。

本来、地域で生み出す商品の品質が、高度であればあるほどプロの力が必要となる。しかしながら、ボランティアの協力なしにはホスピタリティあふれる地域主導の旅の交流型サービスはあり得ない。そうした意味からも、ボランティアの育成とともに、地域のボランティアをうまく活かすことができるプロとしてのコーディネーターの育成は急務といえるであろう。

第7章 地域がつくる旅の未来を考える

これまで論じてきた地域主導のオルタナティブな旅は、今後どのように市場に流通していくのであろうか。この新しい形態の旅の黎明期において、本書のまとめとして、予想される地域および関連事業者の動きや、今後業界全体で取り組むべき課題について述べることとする。

1 地域の優位性はどこにあるのか

❖「地域」と「顧客」と「エージェント」

第1章でも述べたとおり、これまでの旅は、大規模マーケットを背景に抱える大都市圏のエージェントが募集を行なう中央主導スタイルで進められてきた。顧客を受け入れる地方（地域）は、エージェントとは持ちつ持たれつの相互依存関係にあるが、時に地域が消費されていたように見受けられる一面もあった。

「地域が消費される」というのは、次のようなケースを指している。

旅にかかわる「顧客」「地域」という二者（これに「エージェント」を加えた場合は三者）が、お互いにとって持続可能な共存共栄の関係を築き、その関係性が継続的に発展することがもっとも望ましい姿であるが、時として「顧客」と「エージェント」の都合が優先され、地域の意図と異なるかたち（もしくは一部の地元の意図）で顧客や事業者が地域に入り込み、「地域」が顧客やエージェントに振り回されるというケースである。

たとえばテレビや新聞・雑誌といったマスメディアや小説、映画など何らかの要因によってまちの知名度が急にあがり、キャパシティを越える来訪者が訪れ、受け入れの方針も立たないまま顧客の対応に奔走するということがある。顧客が集まることがわかると、地域の外からも資本が流れ込み、地元で嬉しい悲鳴をあげる人が増えるのと同時に、大切な地域の資源を失ってしまうことも少なくない。また「今年はキャンペーンを行いますのでご協力を」とのエージェントの呼びかけに、地域の側で設備投資も含めてそれなりの用意をして対応したものの、その翌年からは送客が一気に途絶えたという話も少なくない。第3章で紹介した沖縄のケースでみたとおり、発地のエージェントに依存するスタイルから抜け出せない地域の脆弱性と、地域自身のスタンスが曖昧であることなどが、こうした結果を生み出してきたともいえるだろう。

❖地域主導スタイルへの転換に向けて

ところが、社会環境が変化し、観光業を取り巻く状況も大きく変化を遂げている現在、これまでの中央主導型スタイルから、地方（地域）主導型スタイルへの転換を試みるのに最適なタイミングを迎えている。地域主導型という表現は誤解を招きそうであるが、要は、持続可能な地域の発展が望めることを基本におき、「顧客」「地域」の二者（ならびに「エージェント」も含めた場合は三者）が、共存共栄を図りながら持続可能な受け入れを実現する旅のスタイルを指すものである。

そして、この地域主導型スタイルへの転換を可能とする地方（地域）の優位性は、「旅先の情報が地域にある」ということと「旅人を受け入れる地域に精通した人材が地域にいる」という2点に集約される。これら「情報」と「人」のふたつの優位性をもとに、どのような仕組みをつくれば、地域の側でつくりだした旅の商品を、エージェントやネット事業者などと協働しながら市場に流通させ集客していくことが可能となるのであろうか。

本章では、地域主導の旅の主要コーディネート機関となる「着地オペレーター」（表7・1）とマーケットサイドとの関係性を俯瞰することにより、中央のエージェントと共存共栄を図りつつも、地域が自立的に顧客を確保し、地域経済にも好循環をもたらすオルタナティブな旅が普及発展するために必要不可欠な流通のあり方について考えていきたい。

2 地域と旅行業に求められる着地オペレーター機能

❖地域でつくった旅を誰が販売するのか？

前章において、地域に必要な人材であるコーディネーターについて、その果たすべき役割と求められる能力（スキル）について述べた。その際コーディネーターに求められる能力のなかに「商品を販売（セールス）する能力」は含めなかった。地域のコーディネーターがみずからつくった旅の

		マスツーリズム型	地域主導型
機関	予約など	発地のエージェント	発地のエージェント または着地オペレーター
	旅程企画	発地のエージェント	着地オペレーター
	現地手配	発地のエージェント	着地オペレーター
人	旅程企画者	取扱主任者 （発地のエージェント）	着地のコーディネーター
	同行者	添乗員 （集合から解散まで）	着地のコーディネーターまたは コースリーダー
	ガイドなど	—	着地の専門ガイド ボランティア

表7･1　マスツーリズム型と地域主導型の機関と人の比較

商品をマーケットサイドに持ち込んで販売まで担うことが現実的とは思えなかったからである。

もちろんインターネットや雑誌などの媒体を使って商品をダイレクトに販売したり、エージェントなど販売チャンネルを探しだして営業に出向くことはコーディネーターのポジションでも可能である。しかし、コーディネーターに必要なのは、販売の専門スキルというより、むしろ多種多様なマーケットがあることを知り、同じ資源を活用したとしても、それぞれのマーケットに適した異なる質の商品に仕立て上げて顧客満足を高めることができるマーケティング能力と企画運営能力である。

では、地域でコーディネーターがつくった旅の商品は、誰がどのように販売することになるのであろうか。

❖予想される旅行業界からの参入

大規模マーケットを背景に持つ発地サイドのエージェントでは、マーケットに対する情報優位性が失われつつある。マーケットニーズにそった旅の商品を提供するためには着地情報に精通した着地サイドの人材による、その地ならではの企画と、きめ細かなオペレーションが求められるようになってきているのである。

今、旅のスタイルは、従来の「発地主導のマスツーリズム」から「着地主導のオルタナティブツーリズム」へと移行しようとしているのである。

そうした背景をもとに国内の旅行業界においては、次のような変化が予測される。

・「オペレーション機能の移管」

発地型マスツーリズムの主要機関であった発地エージェントが果たしてきた役割が、着地型の旅のオペレーション機能を担う着地サイドのオペレーターに移管される。

・「旅の企画者とオペレーション担当者の移管」

これまで旅程の企画を担っていた発地エージェントの旅の企画者（旅行取扱主任者ら）の機能が、着地のコーディネーターに移管される。さらにこれまでの旅人の道先案内人であった添乗員（旅程管理者など）も同様に着地のコーディネーターやコースリーダーに移管される。

表7・1は、これらの変化をもとに、これまで主流であったマスツーリズムと、新たな着地主導のオルタナティブツーリズムとの違いを「機関」と「人材」の両面から整理したものである。

発地型のマスツーリズムでは、旅程を立てたり、旅先の宿や移動手段であるバスや電車、そして訪問施設や食事など、手配一切を発地エージェントが行なってきた。さらに顧客からの予約や申込み受け付けも発地エージェントの役割であった。

ところが、地域主導の旅においては、着地側にオペレーション機能を設けることにより、その役割を着地サイドで担うことが可能となる。

これまでは中央のエージェントが目的地を選び、現地のホテルやバス、食事などを仕入れ、それらを組み合わせてパッケージ商品に仕立てて顧客に販売していた。それが、着地主導の旅では、旅先である地元に詳しい着地サイドのオペレーターが旅の企画をたて、地元のホテルやレストランなどを手配し、旅の商品をつくりあげることができるというわけだ。

そしてその重要な役割を担うのは、前節で述べたコーディネーターである。

❖地域プラットフォーム(着地オペレーター)の姿

コーディネーターがつくった商品の販売を担うのは、表7・1で提示した地域主導の旅づくりの主要組織となる「着地オペレーター」と考えられる。前項のように中央の旅行業者が地域密着の支所をつくって対応することも考えられないことではないし、地域の中小の旅行社が着地型指向に変化し、着地オペレーターとなることも考えられる。しかし、旅行業だけで担えるかというと、そうではない。販売・流通は得意でも、またそこには大きな期待を持ちたいが、地域のネットワークの結節点になるには、旅行業では役不足であろう。着地オペレーターは、地域プラットフォームともよべる複合的機能を持ち、コーディネーターが属する機関でありたい。行政区を越えて顧客ニーズに沿った情報の受発信とプログラムの企画運営を担い、地域の人的ネットワークの拠点にもなる。着地サイドにいてエンドユーザーからの相談や依頼に即応し、中央のエージェントからのオーダーにも的確に対応できる。情報発信（管理）とオペレーター機能と地域のネットワーク機能をあわせ持った、そんな機関がイメージされる。

しかし残念ながら、着地オペレーターとして財政的に自立して活動している機関は、今のところあまり見かけることがない。観光協会が本来その先頭に立つべきと考えるが、すでに触れたように、行政の枠に縛られ動きが鈍い。

コーディネーター役を担う人材が育ち、地域主導の旅によって資金が回るようになることが、まず第一のゴールであるが、そのためには、人づくりと並行して組織づくりも進めていかなくてはならない。いずれにしても、ここ数年の間に間違いなくその姿は明らかになるであろう。

3 地域主導の旅の流通システム

各地にコーディネーター業務を務める人材が育ち、地域主導の旅の商品が地域のなかでどんどん

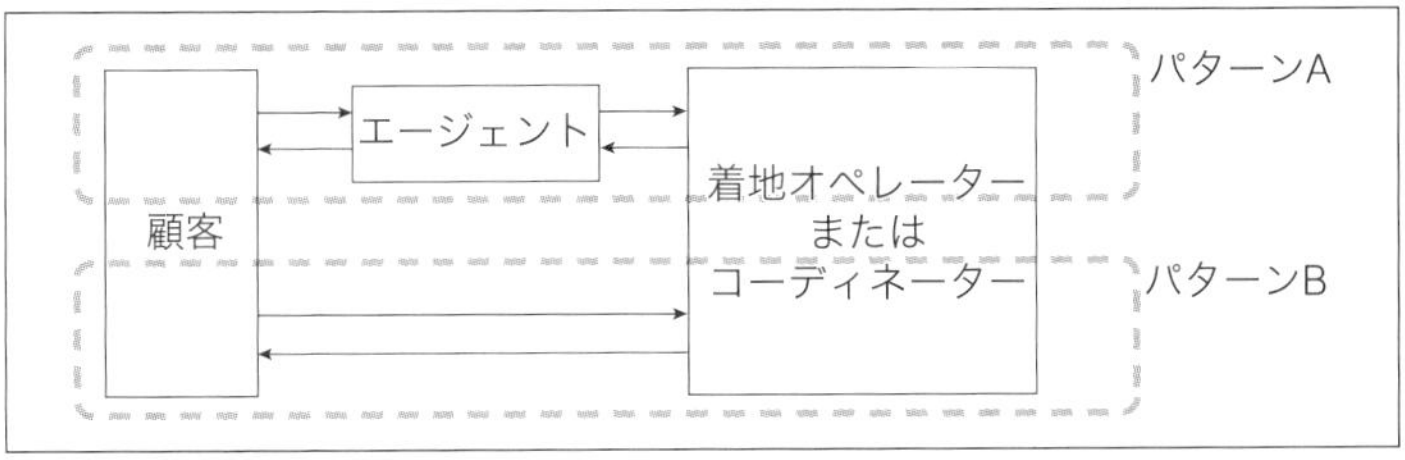

図7・1　旅の商品の流通パターン

生み出されたとしよう。果たしてそれら商品は、どのような流通経路を経て、広く顧客に受け入れられていくのだろうか。図7・1のモデルを使って考えてみたい。

着地サイドの地域でつくられた旅の商品の流通パターンは、ふたつ考えられる。

ひとつはエージェントを経由して顧客に届けられる流通パターンAで、着地オペレーター（またはコーディネーター）がつくった商品を発地のエージェントに販売し、それをパッケージ化して販売してもらう方法である。顧客ニーズを把握している発地エージェントとの綿密な情報交換をもとに商品づくりを進めることが肝要である。自ら顧客を探さなくても売り先があるという点ではメリットが大きい。

マーケット別につくった複数の商品の中で、高額でも販売可能な高い付加価値を持った商品群は、こうした販売方法が適していると思われる。

ただし、この方法だと発地エージェントとの価格交渉が常につきまとう。しかし顧客をひきつける高い商品力を備えていれば、優位に交渉を進めることも可能となる。だからこそ、地域においては商品力を磨くことが必要なのである。

そしてもうひとつがエージェントを経由しないで着地オペレーター（またはコーディネーター）と顧客がダイレクトに取引を行う流通パターンBである。もし地域でつくった旅の商品を、価格も質も量も地域サイドでコントロールしたいのであれば、パターンBを選択することになる。この方法だと地域自ら商品を販売する道を探さなくてはならない。インターネットを活用して自前のホームページで販売したり、パンフレットを作成して適切なマーケットに配布したり、地域の持つ様々なチャンネルを活用しながら商品情報を流通させる工夫が必要となってくる。

❖協働と競合について考える

筆者が委員として参加した07年度の国土交通省「ニューツーリズム創出・流通促進事業」推進協議会は、パターンAの取引市場づくりに取り組むものであった。顧客ニーズを熟知したマーケットサイドのエージェントが、着地サイドのオペレーターから旅の商品を仕入れて販売するパターンAは、海外のオペレーターが現地ツアーを運営する海外旅行のオペレーションに類似した仕組みだといえよう。

図7・1のモデルからも明らかなのは、着地オペレーターと中央のエージェントが協働しながらも競合しているという現実である。これはネット販売エージェントと独自ホームページの両方で部

屋を売るホテルの部屋に似ているかもしれない。各ホテルは、自社のホームページで集客を図るほか、手数料を支払うことにより利益は薄くなるものの大量の顧客を抱えるネット販売エージェント経由でも部屋を販売している。

ただし、着地型の旅の場合は、中央のエージェントはネット以外でも販売することができ、さらに着地オペレーターに細かな依頼をして独自商品（募集型企画旅行）を開発し販売することも可能になる。

また、図7・1のパターンAにおいて、中央のエージェントの位置に、地域の子ども会や生協、姉妹都市といった発地と着地が特定の関係性を有する流通チャンネルが生まれてくることも考えられる。特に地域主導の旅は、もともとそうした親和性の高い両者の結びつきを促進する効果が大きいことにも特徴がある。これは、都市と地方との関係性を築こうとする活動母体とエージェントとの間にも競合関係が生まれることを示唆している。

さらに、図7・1のモデルからは見えづらいが、着地オペレーター同士、つまり地域同士も間違いなく顧客の厳しい目による選別の対象になっている。

そう考えていくと、エージェントと地域、エージェントと自治体やNPO、生協といった都市と地方のネットワーク組織、そして地域と地域が、からみあい助け合いながらも、ますます激しい競争のなかに巻き込まれていくということを認識することが必要であろう。

❖予想される過当競争にどう対処するか

90年代以降の旅行業界の価格競争は過当競争といえるほどの激しさであった。海外ツアーでは、ついには現地オペレーターが日本のエージェントからほとんど経費をもらわずに現地オペレーションを行うという現象まであった。現地オペレーターがほぼ無料でも仕事を受ける理由は、ある一定の時間、日本人客を好きなところに連れていくことを許されたからだ。その間に、現地オペレーターは日本人客を土産物屋などに連れていっては、お店から割戻しを受けていたのである。

地域主導の旅の流通経路が海外ツアーと同じ流通パターンAの場合、流通する商品の数が増えるにともない価格競争が激化する。すると、どんどん着地オペレーターの利益が削られていくことになる。

競争が行われることは決して悪いことではない。競争により効率があがり顧客のフィードバックにより品質もあがる。

人材が育つのも間違いない。しかし過度の競争は業界そのものを疲弊させる。

ある時期、利益は確保できても、長続きしないようでは、地域にとって意味がない。そしてそれは誰も望んでいないことであろう。

4 人材育成システムを、だれがどう作るか

❖地域主導の旅の黎明期によせて

本書の目的は地域主導のオルタナティブな旅をつくることにより、地域づくりが進み、地域に人材が育ち、地域に潤いと活気をもたらす方法を探ることにある。したがって、地域サイドの視点にたち、地域主導の旅づくりによって、それにかかわる組織や人びとが経済的に自立できることを第一義に考えながら議論を進めてきた。

地域主導の旅を実現していくために必要な要素は、旅というカタチのない商品を生みだす地域のなかの「人」であり「組織」である。さらにそれらの商品を流通させる「仕組み」を整えてはじめて、地域主導の旅を現実のものとして市場に供給し、発展させていくことが可能となる。

現状では、まだ着地型ツーリズムは、緒についたばかりである。そして、前節の流通パターンを考える際に少し触れたが、こうした旅が市場に認知されてくると、競争が激化すること、そして着地オペレーター（またはコーディネーター）の利益確保が難しくなってくることなどが予想される。もちろん最終的には市場がすべてを決める。しかし、そのようななかで地域が疲弊せず、人が育ち、地域が活性化する道を歩むためには、業界全体でどのような点に気をつけなくてはならないのかを、

着地型ツーリズム萌芽期の現時点において、見通しを立てて対策を検討しておく必要があるのではないだろうか。

❖専門性の高い人材の育成と、その評価システム

海外に目を移すと、アウトドアガイドのなかには世界中の顧客を相手に高額のガイド料を受け取り、山や森、渓谷や湖や沼地を案内する人たちがいる。動植物の知識は学者級、自然の営みを肌で感じとり、あらゆる動物たちの鼓動や植物の息吹を感じとり、顧客にそのすばらしさを伝えきる。彼らはそれを生業とするプロのガイドである。そして彼らの仕事は高額なお金を払ってでも超一流ガイドに依頼をする顧客（マーケット）が存在することによって成立している。日本ではまだガイド業だけを生業としている人はそれほど多くない。しかし近い将来、コーディネーターやガイドといったプロフェッショナル性の高い人材が育ち、品質の高い商品が市場に流通し、顧客から認知を受けたプロたちが各地で生き生きと活躍する業界に育つことが期待される。

そんな理想に向けて地域主導の旅の流通を考えたとき、旅行会社や個人が地域主導の旅づくりを着地オペレーター（またはコーディネーター）に依頼しようとしたとき、一定の基準がないため商品の品質を評価することが極めて困難であるという課題が残されている。

その課題を解決するひとつの方法として考えられるのが、人材研修制度と評価システムづくりで

ある。まず、一定のスキルが保障されるべく教育を受ければ、その課程を終了したことにより信頼が担保され、旅行会社も個人も安心して仕事を依頼（発注）することができるようになる。

この最低限のハードルをクリアした人材は、次のフェーズとして、さらに高度な教育を受けることによって専門性を高め、業界内での自分のランクをあげていくことが可能となる。

そしてAランクの人材にはAランクの報酬が、Bランクの人材にはBランクの報酬が支払われるという仕組みができれば、ますます業界は活性化する。地域主導の旅の従事者のなかにスキルを磨くモチベーションが生まれ、競争も起こり、業界が活性化するのではないだろうか。

5 マーケットの育成が業界の課題

❖市場育成に不可欠な商品特性の周知

マスツーリズムでは「常に一定の品質で、必要なときに必要な量のサービスを提供できるようにすべきである」という考え方が原点にあった。しかし、地域主導のオルタナティブな旅をつくる側からすると、少しその考え方を改める必要があるかもしれない。

なぜなら、旅先では、その時々によって天候も違い、咲く花も違い、出会う動物も違う。今のような気象状況では、予想外の時期に雪が降ったり、真夏のような天候になることも避けられない。いつもは採れる山菜が不作の年だってある。地元で採れる旬の山菜はそのとき限りだ。自然環境は常に「一期一会」である。そのときどきの地域の魅力を最大限にひきだし、顧客のニーズに対応しながら、臨機応変にプログラムを運営して感動を提供できるというのが地域主導のオルタナティブな旅の特徴であり、同じ内容で同じ品質の旅を大量生産するマスツーリズムとの大きな違いである。

お約束はできない面が多分にあるのが、こうした旅の特徴ともいえる。だから、「常に一定の品質で、必要なときに必要な量のサービスが提供される」という旅ではなく、交流型サービスを基本に、融通無碍でお約束ができない面を持つオルタナティブな旅とは「そのようなものである」という認識を顧客の側にも、持ってもらうことが必要なのである。

❖「オルタナティブな旅はフランス料理」説

まったくの私見であるが、筆者はこうした地域主導のオルタナティブな旅は、じつはかつてのフランス料理のようなものではないかと考えている。つまり、ほとんどの人はこの「体験・学習・交流型の旅」というジャンルの料理をまだ食べて（体験して）いないので、その味については想像の域をでない。顧客の側からすると「なんだか変わったツアーで面白そうだけど、よく見ると決して金額もお安くない。果たして……」と、参加するのに二の足を踏むのは、ある意味当然のようにも思える。

だからこうした新しいスタイルの旅を普及させるためには、まずこの得体の知れない、でも何だかおいしそうな地域主導のオルタナティブな旅という料理を、一度口にしていただかなくてはならないのである。

こうした旅の商品を広く普及させるためには、まず体験いただいて、そのよさやその楽しみ方を一人でも多くの方に知っていただくことが必要なことといえるだろう。だから3万円のコース料理を食べる前に3千円のランチを試していただき、この味を知った顧客に3万円のディナーに足を運んでいただくようにする。

地域も旅の業界関係者も含めた全体での、このような普及啓蒙の努力があってはじめて、地域主導のオルタナティブな旅が、わが国全体に浸透し、広く普及していくのである。

❖顧客の潜在ニーズを掘り起こすプロダクト・アウトの発想

著者は、学びと冒険と交流のプログラムをつくりつづけ、幾多の失敗や成功を繰り返してきた。そうした永年の経験から学んだプログラムづくりとマーケティングの考え方について最後に記しておきたい。

商品開発を行なう際の視点として、モノをつくる側が主体となって市場に商品を流通させるやり方を「プロダクト・アウト」と呼び、反対に顧客ニーズに焦点をあわせ、顧客のいうことをうまくカタチにする商品づくりを「マーケット・イン」と呼ぶ。

地域主導のオルタナティブな旅を企画する場合は、多分に「プロダクト・アウト」的な発想が求められる。なぜならこうした旅は、ガイドブックやテレビなどで見た風景を追体験するのではなく、まだ見ぬ、まだ触れたことのない、少しだけど想像を超える現地での体験が商品の本質にあるため、顧客が事前にそのすべてを知るすべがないのである。

よって商品づくりは「顧客は自分自身のほしい商品の全貌を完全には知らない」というところからスタートする必要がある。こういい切れるのは恥ずかしながら、「顧客から『何をしたいのか』『どこへ行きたいのか』などをヒアリングし、そのとおりプログラムを組んだ際、うまくいったためしがない」という経験にもとづいているからだ。

大切なことは顧客の語るニーズそのものではなく「この顧客が語っていることは、こういうことだな」と理解した上で、試行錯誤を繰り返して練り上げたプログラムを「これですね」と提示することである。うまくいけば、プログラムを提示された顧客は「そう！こんなのがほしかったんだ」という反応を示す。つまり「『それ』がほしかったんだ」という『それ』を顧客自身は具体的に細部にいたるまでは描けていないのである。

商品開発において顧客から話を聞くことが重要であることは大前提であるが、同時に話を聞きながら、その情報をストレートにプログラムに反映させるのではなく「〇〇というお話であった。ということは、おそらくこういうプログラムをつくれば要望を満たすことができるのでは」と考えながらプログラムを企画するのである。

これまでの主流であったマスツーリズムでは、顧客が「期待したこと」を「期待通り」に消費できた場合、顧客が満足すると考えてきた。ところが地域主導のオルタナティブな旅では、顧客が期待していない予期せぬ出来事を豊富に演出することにより、顧客の満足度を高めることが大切になってくるのである。

もともと、旅においてすべての結果が事前に予測できることはありえない。旅先に行ってみてはじめて「知らない土地、知らないこと」を知って人は感動し、満足度が高まるのである。

本章のまとめ　地域の意図をカタチに変える

地域主導のオルタナティブな旅を普及発展させていくためには、地域のなかに商品を生み出す「人」(コーディネーター)、オペレーション機能を果たす「組織」(プラットフォーム)、そして地域でつくりあげた商品を販売するための「流通の仕組み」を整えることが不可欠となる。

著者は、全国および世界中の仲間と共に、20年にわたって地域主導の旅をつくってきた。しかし、わが国全体を見渡せば、こうした形態の旅づくりは未だ黎明期にあるといえるだろう。地域における人材育成や組織づくり、流通システムの整備と、まだまだ解決すべき多くの課題が残されている。

しかしながら、情報システムが加速度的に進化していく現代社会においては、地域発のこうした新しい旅の商品が普及するのに、さほど時間はかからないかもしれない。だからこそ地域においては、一刻も早くマーケットに適合した高品質な商品の開発を進めることが求められるのである。すでに激しい競争は始まっている。その競争相手とは、他地域でもあり、発地エージェントでもあり、その他のレジャー商品すべてでもある。

そして、これから地域から生まれてくる商品群は、場合によっては既存の「旅」の概念を大幅に塗り替え、地域の資源を素材とした、まだ誰も見たことのない商品として世に登場することがあるのかもしれない。

なぜなら、地域の側の「意図」という名のリーダーシップを商品として表現するのが新しい旅のカタチの本質だからである。

■参考文献
1　総合観光学会編『競争時代における観光からの地域づくり戦略』同文舘出版、２００６年
2　島川崇『観光につける薬』同友館、２００２年
3　安福恵美子『ツーリズムと文化体験』流通経済大学出版会、２００６年
4　石原照敏・吉兼秀夫・安福恵美子編『新しい観光と地域社会』古今書院、２０００年
5　国土交通省編『平成19年度版観光白書』コミュニカ、２００７年
6　㈶社会経済生産性本部編『レジャー白書２００７―余暇需要の変化と「ニューツーリズム」―』社会経済生産性本部、２００７年
7　アエラムック『観光学がわかる。』朝日新聞社、２００２年
8　トラベルデータ研究会編『旅行業界がわかる』技術評論社、２００７年
9　本間正人／大社充『人生を一瞬で変える旅に出よう』山と渓谷社、２００７年

おわりに

かつてアウトドアが盛んなことで知られる北海道のまちを訪ねたときのことである。あるアウトドアスクールのスタッフ研修のためニュージーランドから来日していたトレーナー（講師）が深刻な表情で話しかけてきた。

「あなたは東京から来たのですか？」

「はい。そうですが…」

「スタッフの研修のため来日したのですが、彼らの技術があまりに低いのに驚きました」と語りだした。初対面のまったく関係のない私にいわれても困ると思ったのだが、彼は続けてこういった。

「このままでは死人が出てもおかしくない」。

そして「人の命を預かる仕事なので確かな知識と技術がなくてはならない。資格制度をつくるか最低限のガイドラインが必要で、それは民間ではなく政府の役割です」。そう語る彼の真剣な表情から、ことの深刻さが伝わってきた。

彼に頼まれ、後日、主要な野外活動団体の連絡先を知らせたが、その後このことは忘れていた。そして02年、北海道で「アウトドア資格制度」がスタートしたのを知ったとき日本の現状を憂いていた彼のことを懐かしく思い出した。この間、10年近い歳月が流れていた。

日本で海外渡航の自由化がはじまったのは64年。日本人の海外旅行の歴史はまだ50年にも満たない。新たなフェーズを迎えようとしている国内旅行もパッケージツアーが生まれてからさほど歳月はたっていない。しかし地域づくりは人の暮らしの長さだけ歴史があり、これからも引き続き営まれ続けるものである。

本書では、地域が主導的な役割を果たしながら集客交流サービスを展開するひとつの方向性について述べてきた。「観光化」の光と影の両面を見極めながら、地域の実情にあわせてマスツーリズムにかわる新たな旅の形態を生み出していくことが、地域の伝統や文化を守り活性化へ導くひとつの道筋である。

過日、90年代から人気の高い温泉地の写真を見た。メインストリートの写真からはどこのまちか判別がつかなかった。外部資本も流入して日に日に変貌を遂げ、このまちもまた画一化が進んでいた。難しいことは承知の上で、まちの個性を生かした魅力づくりを期待したい。

今後、新たな旅づくりにおいて、各地にさまざまな地域主導型観光を進める事業型組織が誕生するだろう。黎明期のいま、そうした組織同士が情報交換を行い、自立に向けたさまざまな取り組みを支援するネットワークづくりが必要ではないかと思われる。ご関心をお寄せの方は、ぜひ左記の「観光地域づくりプラットフォーム推進機構」まで。

最後に、本書の執筆にあたって、なかなか筆が進まない私を我慢強く励ましてくださった学芸出版社の前田裕資さん、そして本書の中核となるプログラムづくりの情報を提供してくださった各地のコーディネーターのみなさんに御礼を申し上げたい。

平成20年5月

大社　充

大社　充（おおこそ　みつる）

1961年宝塚生まれ。1985年京都大学卒業。在学時アメフト部QBとして京大初の全国制覇に貢献（年間最優秀選手賞受賞）。1985年松下政経塾入塾。1987年からエルダーホステル協会創設に参画。自然や歴史文化など地域資源を活かした集客コンテンツ開発に取り組む。2007年日米の元兵士による親善野球試合をハワイで開催。その後、全国で観光まちづくりやDMO/DMCの構築支援に携わる。現在、DMO推進機構代表理事、NPO法人グローバルキャンパス理事長。京都大学経営管理大学院で「デスティネーションマネジメント論」を担当、デスティネーションマネジメントのテキスト作成に取り組む。

【委員など】
国土交通省「成長戦略会議」(2009 ～ 2010)
内閣府行政刷新会議「規制制度改革WG」(2010)
観光庁・観光地域づくりプラットフォームに関する各種委員会(2010 ～ 2011)
経産省「産業構造審議会」(2014)
内閣官房「まち・ひと・しごと創生会議」(2014 ～ 2019)

【その他】
キーパーズ有限会社顧問／社会人アメフトチーム・ブルザイズ東京監督／一般社団法人港南スポーツマネジメント代表

【著書】
『DMO入門　～官民連携のイノベーション』事業構想大学院大学出版部(2018年)、『地域プラットフォームによる観光まちづくり』学芸出版社(2013年)（第36回交通図書賞奨励賞）、『奇跡のプレイボール　～元兵士たちの日米野球～』金の星社(2009年)（第59回全国青少年読書感想文コンクール中学生の部：課題図書）

体験交流型ツーリズムの手法
地域資源を活かす着地型観光

2008年6月30日　初版第1刷発行
2019年7月20日　初版第6刷発行

著　者………大社　充
発行者………前田裕資
発行所………株式会社 学芸出版社
京都市下京区木津屋橋通西洞院東入
電話 075－343－0811　〒600－8216
装　丁………上野かおる
印　刷………創栄図書印刷
製　本………山崎紙工

ISBN978－4－7615－1246－0